新时代上海发展
不平衡不充分问题研究

Study on the Problems of Insufficient Development
Imbalance in Shanghai in the New Era

程进 / 著

上海社会科学院出版社
SHANGHAI ACADEMY OF SOCIAL SCIENCES PRESS

前 言

党的十九大报告对当前我国社会主要矛盾作出与时俱进的新表述,强调"中国特色社会主义进入新时代,我国社会主要矛盾已经转化为人民日益增长的美好生活需要和不平衡不充分的发展之间的矛盾"。按照库兹涅茨曲线理论,经济发展初期,不平衡程度会随着经济发展而不断加剧,当经济发展到较高程度时,出现库兹涅茨拐点,不平衡程度开始伴随经济发展逐渐下降。改革开放以来,上海经济总体上保持了持续快速增长,由于资源总是流向边际效率高、经济效果好的地区和领域,上海经济发展总体上还处于库茨涅兹拐点左侧,城市中的不平衡、不协调问题随经济快速发展而积累并逐渐显现,经济发展、生态环境保护、区域协调等领域的不平衡不充分问题比较突出。探寻解决上海发展不平衡不充分矛盾的思路对策,对上海经济社会改革发展具有重要的现实意义:

一是深入贯彻落实党的十九大精神。党的十九大报告对当前我国社会主要矛盾作出了与时俱进的新表述。上海作为全国发展前沿的城市,经济发展、科技创新、生态环境保护、区域协调等领域的不平衡不充分问题同样比较突出,这些不平衡不充分问题是我国现阶段社会主要矛盾在上海的具体体现。上海努力解决发展不平衡不充分问题,推进高质量发展,更好地满足全市人民对美好生活的需要,是上海市以习近平新时代中国特色社会主义思想为引领,贯彻落实党的十九大精神的重要举措。

二是提升上海的全球城市体系地位。根据《上海市城市总体规划(2017—2035年)》,上海要加快推进"五个中心"建设,努力把上海建设成为卓越的全球城市和社会主义现代化国际大都市。GaWC发布的2012年全球城市等级显示,上海已经跻身α+级全球城市行列,上海未来建设全球城市的坐标应是纽约、伦敦、东京这些首位级全球城市。上海的经济社会发展和生态建设与顶级全球城市之间还有着显著差距。通过对标顶级全球城市,可以找出上海与全球城市在地位与能力方面的差距,继而解决发展中存在的不平衡不充分问题,根据经济社会高质量发展需要抓重点、补短板、强弱项,促进创新驱动发展、经济转型升级,提高上海综合竞争力,提升上海在全球城市体系格局中的地位。

三是推动上海高质量发展走在前列。上海在国家发展全局中占有重要位置,解决上海发展中存在的不平衡不充分问题,需要从根本上更新发展理念,在保持经济平稳健康发展的同时坚持以人民为中心的发展思想,更加注重提升发展的质量和效益,确保实现更高质量、更有效率、更加公平、更可持续的发展,从追求高速增长向追求高质量发展转变,推动上海在高质量发展方面走在全国前列。

上海发展愿景是努力把上海建设成为创新之城、人文之城、生态之城,卓越的全球城市和社会主义现代化国际大都市。不平衡不充分问题总是随着经济发展而不断呈现周期性变化,正确认识、总结、解决不平衡不充分问题是新时代上海实现城市发展目标的根本任务。本书从全球城市对比视角、市民美好生活需要视角、城市发展回顾视角出发,梳理总结上海在创新、人文、生态领域存在的不平衡不充分问题,分析解决不平衡不充分问题面临的瓶颈,并提出相关对策思考,以期推动上海解决发展不平衡不充分问题,推进高质量发展,更好地满足全市人民对美好生活的需要。

上海的发展不充分问题主要表现在:一是城市创新软环境、创新主体资源发展不充分。根据《机遇之都7》数据,上海的"知识产权保护程度""创业环境""受高等教育人员比例""世界级大学排行"等创新软环境、创新主体资源的排名大幅落后于顶级全球城市,知识型人才国际化水平不高,尚未达到顶级全球城市由国内、国外两类居民共同影响经济发展的程度。二是基本生活需求尚未得到充分满足。住房保障、养老保障、就业收入、医疗服务、环境问题的居民满意度得分相对较低。依据马斯洛需求层次理论,上海公共资源配置还处在满足居民基本生存和安全需求阶段,居民发展型需求提升不足,精神文化和休闲娱乐设施万人拥有量远远落后于顶级全球城市。三是城市生态环境功能需进一步增强。上海生态空间受严重挤压,提供优质生态产品受限,森林覆盖率仅为16.2%,不仅距2035年达到23%的目标有不小差距,而且其中1/4的森林在崇明,湿地功能也正迅速退化。上海空气质量不断得到改善,但PM2.5年均浓度仍是纽约的近8倍,城市环境质量还有不小的改善空间。四是环保基础设施建设有待加强。中心城区尚存排水系统空白区和配套二级管网薄弱区,城郊接合部、郊区撤制镇和"195"区域污水管网覆盖率仅为55%左右,城市生活垃圾分类回收设施标准未统

一、数量不足。

上海的发展不平衡问题主要表现为空间的不平衡：一是创新活动空间分布不平衡。中心城区财政科技投入占比相对较高，徐汇、杨浦、嘉定的创新产出水平相对较高，浦东的创新成果转化水平相对较高，徐汇、浦东、闵行的企业创新较为活跃。上海创新活动已基本从中环以内转移至中环以外，这与全球城市创新功能向中心城区重新集聚的特征相反。上海中心城区内部创新环境发展也不均衡，将影响创新资源在中心城区的集聚格局。二是公共服务设施供需空间不匹配。从供给来看，15分钟生活圈内养老、卫生、交通、教育、文体、商业6项设施的达标情况随着距市中心距离的增大而减少。从需求来看，郊区居民对10项生活需求的关注度与中心城区居民不相上下，对学前教育、就业、交通等生活服务的需求还要高于中心城区，而由于公共服务资源供给的空间不平衡，使得公共服务设施供需空间不匹配。三是城郊接合部生态环保压力较大。由于人口和产业向近郊区转移、环境基础设施不足等，城郊接合部环境负荷过重。2017年上海降尘量在空间上表现为近郊区（53.9吨/平方千米）＞中心城区（51.8吨/平方千米）＞远郊区（45.7吨/平方千米），黑臭河道治理项目的空间分布表现为近郊区（54.2%）＞远郊区（42.6%）＞中心城区（3.2%）。

在充分借鉴全球城市解决不平衡不充分问题的经验基础上，上海解决不平衡不充分问题的路径措施集中在以下方面：

第一，创新驱动城市更平衡更充分发展。发展需求导向型的创新产品和服务，把握全球创新发展趋势，顺应居民发展型消费提高等变化趋势,推动城市创新模式转型,增加消费需求和价值观转变下的新型产品和服务供给。提升中心城区创新功能,推动中心城区创新街区建设,满足多元性、传承性、社交性、移动性等建设要求,发挥核心机构的引领作用,建设丰富的社交型公共空间和办公型公共空间。

第二,推动城乡和城区功能平衡发展。疏解非核心功能,优化提升中心城区金融、商务核心功能,有序推进非核心功能向郊区新城疏解。增加金桥、张江、大场等市级副中心,重点提升苏州河以北、浦东地区综合功能。推进乡村振兴,编制《上海乡村振兴规划》,以产业兴旺为重点,以生态宜居为方向,以治理有效为目标,形成财政优先保证、金融重点倾斜、社会积极参与的多元投入格局。统筹新城建设,成立实体性市级新城建设管理机构,从市级层面整体规划郊区新城建设,深化新城产城融合,充分发挥其人口产业导入区的功能。

第三,补齐公共服务和基础设施的短板。推进基本公共服务均等化、多元化发展,利用移动互联网、大数据技术,增强现代教育的开放性、可及性和共享性。完善分级诊疗,积极发展各类医疗联合体,引导城市职工就医向基层门诊流转。发展智慧养老服务,打造"上海市智慧社区居家养老系统平台"。提升生活垃圾管理能级,完善生活垃圾分类和处理基础设施。

第四,推进城市生态环境持续均衡改善。增加优质生态产品供给,郊区大力推进郊野公园建设,完善郊野公园配套服务设施,中心城区推动开放式屋顶绿化和垂直农场建设,发展"口袋公园",力争到2035年,城市屋顶绿化面积占比达到10%。促进水质得到根本改善,推进雨污水管分流改造和污水管网完善,城镇生活污水集中处理率达到100%,通过清淤疏浚、截污纳管、生态修复等,全力推进黑臭水体治理。巩固大气污染防治成果,重点推进流动源污染治理、近郊区扬尘污染防治、社会生活源整治等,提升邮轮在港污染防治水平。

第五,倡导和培育绿色低碳生活方式。普及绿色环保产品,设立绿色环保产品的推广目录,大力推广节能、节水、节材产品,倡导政府机关及其所属事业单位、科教文卫等公共机构开展绿色采购。提高绿色出行积极性,开展居民出行信息普查和调研,以此为基础优化公交线路,提升公交频次和运力。规范共享经济发展,制定鼓励共享经济企业发展的政策,完善共享经济监管机制。

第六,加强不平衡不充分的监测与管理。构建不平衡不充分发展监测指数,动态监测发展不平衡不充分问题发展状况,及时监测预警突出的不平衡不充分问题,动态监测不平衡不充分问题不断改善的进程。推进城市数据信息的整合共享,精准化掌握各类要素的分布与动态变化,定期调查评估市民社会服务需求,依托大数据分析管理对象动态变化的内在规律,为精准化地配置公共资源提供决策支撑。

目 录

前言 ········· 001

第一章 发展不平衡不充分的内涵特征 ········· 001

  第一节 不平衡不充分是城市发展的普遍问题 ········· 001

    一、不平衡不充分的理论与实践依据 ········· 002

    二、不平衡不充分的周期性变化特征 ········· 004

  第二节 发展不平衡不充分的内涵特征及两者关系 ········· 005

    一、要素功能角度的不充分内涵 ········· 005

    二、结构关系角度的不平衡内涵 ········· 007

    三、不平衡与不充分问题的关系 ········· 008

第二章 新时代上海发展所处的历史方位和特征 ········· 010

  第一节 从时间维度纵向演变看上海历史方位 ········· 011

    一、太平洋西岸最大的经济贸易中心之一 ········· 011

    二、"四个中心"和国际大都市 ········· 012

    三、卓越的全球城市和社会主义现代化国际大都市 ········· 013

    四、历史方位的演变主线：响应国家战略 ········· 013

第二节 从空间维度横向比较看上海历史方位 …… 015
  一、全球维度：提升全球城市的综合影响力 …… 015
  二、全国维度：承担代表国家参与全球竞争的使命
    …… 017
  三、区域维度：内引外联提升长三角发展能级 …… 019
  四、不同空间维度叠加：突破城市发展中的核心瓶颈
    …… 020

第三节 从矛盾问题变化维度看上海历史方位 …… 021
  一、我国社会主要矛盾的变化 …… 021
  二、上海城市发展中矛盾问题的变迁 …… 022

第四节 新时代上海所处历史方位特征 …… 027
  一、全球互联：强化内引外联两个扇面 …… 028
  二、区域协同：由长三角变身为大上海 …… 028
  三、创新发展：以服务质量提升创新能力 …… 029
  四、人文魅力：以提高生活品质为核心 …… 030
  五、生态优先：经济优势转为生态优势 …… 030

第三章 上海发展不平衡不充分问题的主要表现 …… 033
第一节 上海发展不充分的主要表现 …… 035
  一、上海发展不充分的综合判断 …… 035
  二、创新领域的发展不充分表现 …… 038
  三、人文领域的发展不充分表现 …… 040
  四、生态领域的发展不充分表现 …… 043

第二节　上海发展不平衡的主要表现 …………………… 047
　　一、创新发展不平衡：科技创新活动空间分布不平衡
　　　　……………………………………………………… 047
　　二、人文发展不平衡：公共服务设施供需空间不匹配
　　　　……………………………………………………… 055
　　三、生态发展不平衡：城郊接合部生态环保压力较大
　　　　……………………………………………………… 058

第三节　解决发展不平衡不充分问题的难点和瓶颈 …… 063
　　一、区域竞合格局日趋复杂 ……………………………… 063
　　二、相关政策标准尚需完善 ……………………………… 066
　　三、自主创新体系有待完善 ……………………………… 067
　　四、资源环境面临多方压力 ……………………………… 069
　　五、效率优先如何兼顾均衡 ……………………………… 072
　　六、郊区发展需进一步赋能 ……………………………… 073

第四章　全球城市解决发展不平衡不充分问题的经验 … 075
第一节　伦敦经验 …………………………………………… 076
　　一、通过功能分散解决空间不平衡问题 ………………… 076
　　二、以科技城建设解决创新不充分问题 ………………… 078
　　三、分级管理解决公共服务不平衡问题 ………………… 079
　　四、智慧技术破解城市环境不充分问题 ………………… 081

第二节　纽约经验 …………………………………………… 082
　　一、区域规划引领解决空间不平衡问题 ………………… 082

二、公交优先战略破解布局不平衡问题 ………… 084
三、汇聚创新要素解决创新不充分问题 ………… 085
四、完善硬件设施解决环保不充分问题 ………… 086

第三节　东京经验 …………………………………… 087
一、功能疏解破除空间发展不平衡问题 ………… 088
二、技术创新解决制造业转型发展问题 ………… 089
三、分级布局解决公共服务不平衡问题 ………… 090
四、区域合作治理解决环保不充分问题 ………… 091

第四节　全球城市经验对上海的启示 ……………… 093
一、多中心布局解决城市空间不平衡问题 ……… 093
二、优化创新要素推动自主创新充分发展 ……… 094
三、分层级管理促进公共服务均等化发展 ……… 094
四、优化体制机制改善城市生态环境质量 ……… 095

第五章　上海解决发展不平衡不充分问题的思路与对策 …… 097

第一节　解决不平衡不充分问题的总体思路 ……… 098
一、工作重点 ……………………………………… 098
二、实施路径 ……………………………………… 100

第二节　创新驱动城市更平衡更充分发展 ………… 103
一、积极推动产业供给侧结构性改革 …………… 103
二、建立需求导向型的创新服务体系 …………… 105
三、促进中心城区创新功能不断提升 …………… 106

第三节　推动城乡和城区功能的平衡发展 ………… 107

一、以非核心功能疏解优化空间格局 …………… 108
　　二、以乡村振兴战略缓解城乡间差距 …………… 110
　　三、以市级统筹推动郊区新城的发展 …………… 111
第四节　补齐公共服务和基础设施的短板 …………… 112
　　一、推进城乡基本公共服务均等发展 …………… 112
　　二、增加优质多元化的公共服务供给 …………… 113
　　三、对标国际标准提升垃圾管理能级 …………… 116
第五节　推进城市生态环境持续均衡改善 …………… 120
　　一、因地制宜增加优质生态产品供给 …………… 120
　　二、见缝插针布局打造绿色生态景观 …………… 123
　　三、多管齐下促进水质得到根本改善 …………… 125
　　四、抓细抓实巩固大气污染防治成果 …………… 126
第六节　倡导和培育绿色低碳的生活方式 …………… 127
　　一、提高绿色环保产品的认定和普及 …………… 127
　　二、完善绿色低碳出行基础配套设施 …………… 128
　　三、引导共享消费模式的规范化发展 …………… 129
第七节　加强不平衡不充分的监测与管理 …………… 129
　　一、构建不平衡不充分发展监测指数 …………… 129
　　二、精准化分析城市要素和服务需求 …………… 130
　　三、标准化助推城市精细化管理水平 …………… 130
　　四、协同化推进数据信息的整合共享 …………… 131

附件

　　一、基于国际顶级大都市比较的不平衡不充分问题 …… 132

二、基于"12345"热线数据的不平衡不充分问题 …………… 143

三、基于市民美好生活需要调查的不平衡不充分问题 … 152

四、基于不同领域比较的不平衡不充分问题 …………… 168

五、上海市居民美好生活需要调查问卷 ………………… 175

参考文献 …………………………………………………… 184

第一章　发展不平衡不充分的内涵特征

党的十九大报告指出:"中国特色社会主义进入新时代,我国社会主要矛盾已经转化为人民日益增长的美好生活需要和不平衡不充分的发展之间的矛盾。"发展的不充分与不平衡是绝对的,发展的充分与平衡是相对的。发展的不平衡主要表现为经济发展结构层面上的问题,发展的不充分则主要表现为总量程度层面上的问题,两者既有区别又有联系。一方面,不充分是不平衡产生的客观基础;另一方面,不平衡会反过来加剧不充分。解决发展不平衡不充分问题不是搞平均主义,而是解决严重的不平衡即不协调和失衡问题。

第一节　不平衡不充分是城市发展的普遍问题

由平衡到不平衡再到新的平衡是经济发展的普遍规律,发展不平衡不充分问题随经济发展而呈周期性变化,由不平衡到平衡拐点的出现,需要政府的有力干预和调节。

一、不平衡不充分的理论与实践依据

关于经济增长对经济社会不均衡发展的研究较多,库兹涅茨曲线(Kuznets curve)是其中具有代表性的研究。库兹涅茨曲线认为,经济发展初期,经济发展和人均 GDP 增加会导致不均衡程度增加;当经济水平达到较高程度时,出现库兹涅茨拐点,不均衡程度伴随经济发展和人均 GDP 增加逐渐减少,反映了经济发展的关注点从注重效率到注重公平的转化。

能否成功改善不均衡状况,越过库兹涅茨拐点,是一国能否摆脱中等收入陷阱的关键。一方面,在不均衡程度比较高的发展阶段,若一个国家或地区没能迎来库兹涅茨拐点,就容易陷入"中等收入陷阱";另一方面,库兹涅茨拐点不会自动出现,即在不均衡程度

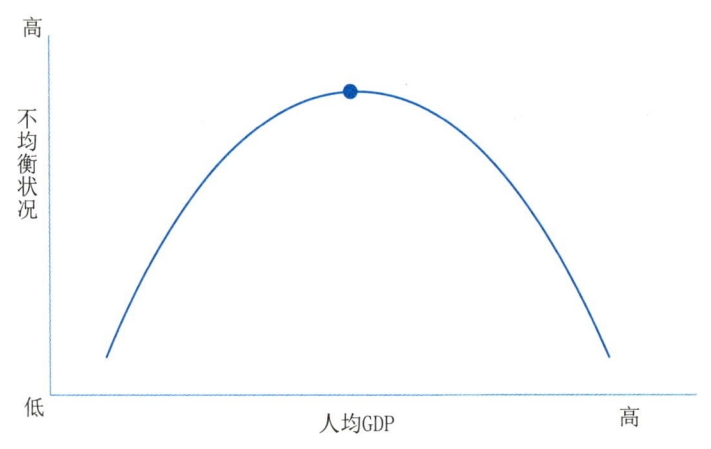

图 1-1　不均衡状况随经济发展的变化情况

扩大化后，此状况不会在不施加任何人为作用的情况下自动缩小，需要由政府采取相应的缩小不均衡程度的措施。

库兹涅茨假说具有一定的理论前提，其适用范围具有一定的局限性。从国内外的实践来看，不均衡程度与经济发展水平的关系并不呈理想化的"倒 U 型曲线"。如从 1913—2009 年美国基尼系数变化情况来看（图 1-2），不平等程度并不是一直随着经济发展水平的提升而减少，而是呈现出一种波动状态，100 年内出现了两次拐点，可以看作是多次"倒 U 型曲线"的结合。结合 100 年来世界其他国家的发展历程看，无论是发达国家还是发展中国家，其发展过程中并没有出现随着经济的发展不均衡和不平等程度自动缩小的趋势。美国在 20 世纪 30 年代大危机一直到 70 年代的不均衡程度缩小，是国家调节的结果，而国家之所以要调节，恰恰是经济、社会不均衡矛盾累积到一定程度后爆发的严重结果。

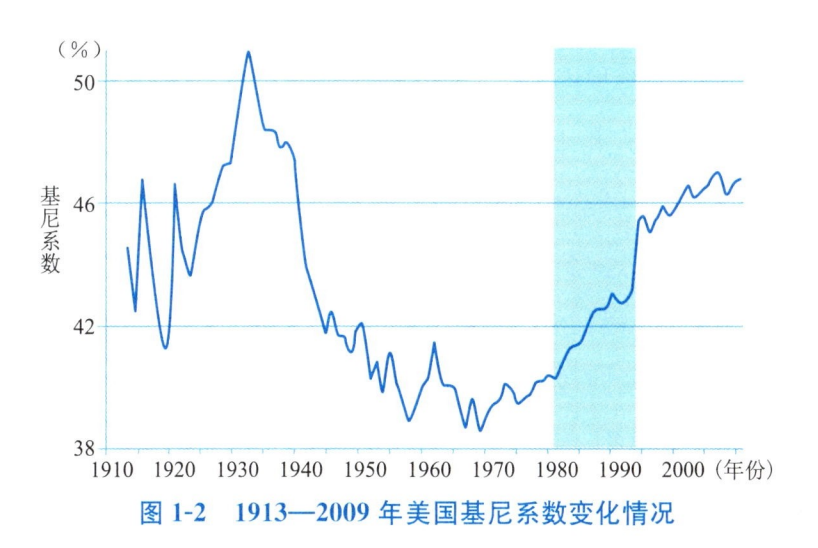

图 1-2　1913—2009 年美国基尼系数变化情况

借助库兹涅茨假说及各国发展实践,可以认为,我国通过市场机制和经济发展来调节和减少不平衡不充分问题的可能性较低,不平衡不充分问题的解决需要政府的干预作用,这一点已为市场经济最为发达的西方国家的实践充分证明。

二、不平衡不充分的周期性变化特征

借助库兹涅茨假说及世界各国经济演变实践可以看出,不均衡程度总是随着经济发展而不断呈现周期性变化,在政府有力干预下将出现多个拐点,使得经济社会的不平衡程度得到调和,这为分析和解决不平衡不充分问题提供了较好的理论启示。

经济发展初期,地区经济水平与发展目标及先进水平的差距较大,发展的不充分程度高,由于经济相对落后,不同群体、不同区域之间的差距相对较小,处于低水平的相对平衡阶段。

经济快速增长阶段,为了快速提升经济水平,效率优先成为首选,因而随着经济规模的提升,经济社会发展的不充分程度不断下降,而收入差距扩大、区域差距扩大等不平衡现象也随之产生,并制约经济的进一步可持续增长,政府必须采取相应的缩小不均衡程度的措施,越过库兹涅茨拐点。

经济成熟阶段,经过快速发展阶段,区域经济发展水平大幅提升,进入缓慢增长阶段,经济发展水平的提高,能够投入更多的资源去解决不平衡问题,区域发展的不平衡程度总体是下降的,但这个下降过程是波动性的,因为资源总是流向边际效率高、经济效果好的地区和领域,经过一段时期的累积,将产生新的库兹涅茨拐点。

因此，能否成功处理不平衡不充分问题，决定了地区是否能在动态调整中完成经济可持续发展转型。

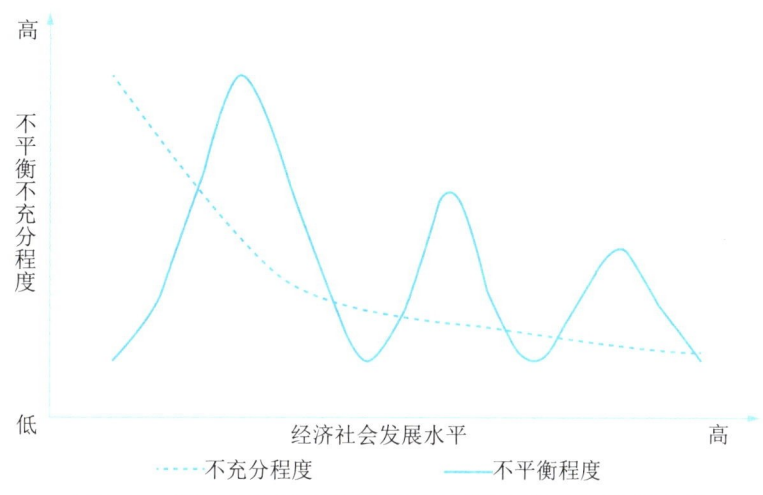

图 1-3　发展不平衡不充分程度与经济发展阶段的关系

第二节　发展不平衡不充分的内涵特征及两者关系

与人民日益增长的美好生活相对应的短板和弱项，就是发展的不平衡不充分。不平衡主要表现为经济发展结构上的问题，不充分则主要表现为总量程度上的问题，两者既有区别又有联系。

一、要素功能角度的不充分内涵

发展的不充分主要是指整个社会的发展总量尚不丰富、发展程度尚不够高、发展态势尚不够稳固。不充分说的是总量和水平问题，主要指发展不足、潜力释放不够、发展中还有很多短板，发展水平特别是人均水平同世界先进国家还有不小距离。与国际发达国家水平相比,我国的不充分问题主要表现为市场竞争不充分、效率发挥不充分、潜力释放不充分、有效供给不充分、动力转换不充分、制度创新不充分等,①具体包括:

(1) 创新及经济增长新动能的不充分:主要体现在研发投入占GDP比重、新兴经济增加值占GDP比重、新兴经济领域投资占总投资比重、前瞻性基础研究和引领性原创成果等。

(2) 经济发展效率的不充分:主要体现在全要素生产率、劳动生产率、资本产出效率、资源产出效率等方面。

(3) 发展质量的不充分:主要体现在高技术产品出口占比、技术部门发布的产品质量综合指标、现代服务业占比、空气质量、水环境质量等。

(4) 社会资源的充分利用不充分:主要体现在工业设备利用率、土地资源集约度、住房空置率、单位工业产出的电力和水资源消耗等。

(5) 民生短板:包括贫困人口的收入、社会保障、人均居住面积低于一定水平的家庭占比、失学儿童数量、老年人口占比、残疾人占比、养老院床位数等。

由于不充分问题是以相对状态呈现出来,因此,发展的不充分问题是长期存在的。不充分是绝对的,充分只是相对的。在一定的发展阶段,全社会可以通过充分发展来解决生活需要和发展之间的

---

① 王振红、李伟:《不平衡不充分的发展主要表现在六个方面》,http://cn.chinagate.cn/news/2018-01/13/content_50223130.htm。

矛盾，但随着经济社会发展到一个更高阶段，产生更高更丰富的生活需要，发展的不充分问题又会呈现出来。

二、结构关系角度的不平衡内涵

不平衡是指经济社会体系结构问题，主要指比例关系不合理、包容性不足、可持续性不够，从而制约生产率的全面提升。[①]我国的不平衡问题主要表现为实体经济和虚拟经济不平衡、区域发展不平衡、城乡发展不平衡、收入分配不平衡、经济与社会发展不平衡、经济与生态发展不平衡等，具体包括[②]：

（1）居民收入差距：包括收入基尼系数、不同分组收入、平均收入与中位数收入差距；家庭财产（包括房产、金融资产、固定资产等）基尼系数、不同分组家庭财产、家庭财产中位数与平均数差距等。

（2）城乡发展差距：包括城乡居民收入水平差距（平均水平差距、中位数水平差距）、城乡居民基本社会保障差距、城乡居民享受公共服务差距、常住人口城镇化率和户籍人口城镇化率等。

（3）区域发展差距：包括区域间经济总量差距、人均 GDP 差距、居民收入差距、科技文化教育资源差距、土地及其他自然资源差距、产业结构差距、投资消费结构差距、劳动生产率差距等。

（4）投资与消费不平衡：包括投资率、消费率，以及体现经济增长对投资的依赖程度等。

[①] 王振红、李伟：《不平衡不充分的发展主要表现在六个方面》，http://cn.chinagate.cn/news/2018-01/13/content_50223130.htm。

[②] 潘建成：《政府统计如何适应新时代》，《中国经济周刊》2018 年第 1 期。

（5）产业发展不平衡：经济增长对工业尤其是传统工业的依赖程度，特别是对资源型产业的依赖程度；与发达国家相比，我国产业结构中相对滞后的方面等。

发展的不平衡总体上可概括为领域不平衡、区域不平衡，这种结构失衡是相对短缺背景下的发展偏差与发展短视。[1]领域不平衡主要包括自主创新和技术引进的不平衡，商品消费和服务消费的不平衡，物质财富、金融财富与知识财富、生态财富的不平衡；区域不平衡主要包括地域不平衡、城乡不平衡；等等。

不平衡问题同样是以相对状态呈现出来，因此，发展的不平衡问题也是长期存在的。不平衡是绝对的，平衡是相对的，由平衡到不平衡再到新的平衡是经济社会发展的基本规律。协调是发展平衡和不平衡的统一，协调发展不是搞平均主义，而是更注重发展机会公平、更注重资源配置均衡。解决发展的不平衡问题不是搞平均主义，而是解决严重的不平衡，即不协调和失衡问题。

三、不平衡与不充分问题的关系

从表面上看，不平衡主要表现在结构层面上，而不充分则主要表现在数量层面上，两者存在明显的区别。从本质上看，结构是可以量化的，属于一种特殊的量，不同类型及不同程度的数量关系组合在一起形成结构，因此，不平衡与不充分存在着内在的同一性，两者既有区别又有联系。[2]

---

[1] 吴秋余：《新时代呼唤更平衡更充分的发展》，《人民日报》2017年10月30日。
[2] 孙祥：《新时代着力解决发展中不平衡不充分的问题》，《知与行》2017年第12期。

一方面,不充分是不平衡产生的客观基础,经过改革开放40多年的发展,我国经济社会已基本摆脱落后状况,一些领域已进入世界前列,但与国际顶级水平及人民生活需要相比,一些发展领域不够充分。这种不充分问题在各个发展领域中的分布差异,产生发展领域的不平衡;不充分问题在不同区域的分布差异,产生区域的不平衡。

另一方面,不平衡会反过来加剧不充分。由于发展不平衡,处于发展强势一端的领域或区域会吸引占用更多的发展资源,从而加剧处于发展弱势一端的领域或区域的不充分发展程度。比如,城乡发展不平衡使得教育、医疗等公共服务资源大幅向城市倾斜,加剧了农村地区公共服务发展不充分问题。

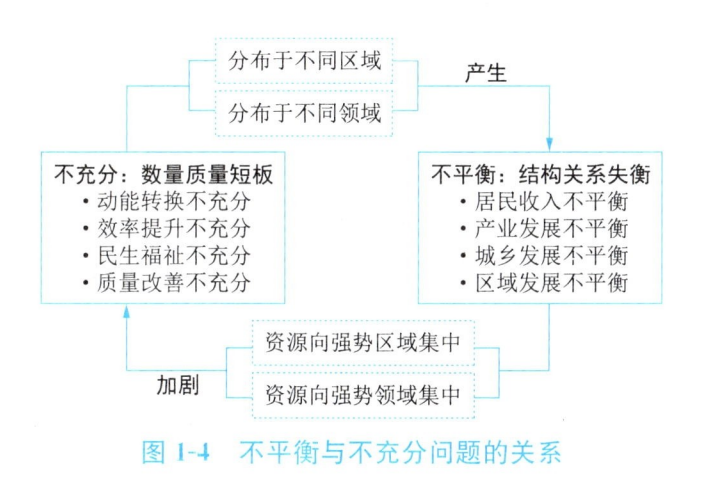

图 1-4　不平衡与不充分问题的关系

第二章　新时代上海发展所处的历史方位和特征

历史方位指的是客观事物在历史进程中的前进方向和所处位置，一个事物置于不同的历史时期中，由于参照系的不同，坐标定位也会不同。新时代的上海，目标是建成卓越的全球城市，令人向往的创新之城、人文之城、生态之城，具有世界影响力的社会主义现代化国际大都市。新时代上海的"新"集中体现为经济社会发展面临的中心任务和主要问题的新变化。新时代上海历史方位的分析可以从时间维度、空间维度和矛盾问题变化维度加以分析。新时代上海的历史方位特征突出表现在全球互联特征、区域协同特征、创新发展特征、人文魅力特征、生态优先特征。其中，创新、人文、生态是城市的"内功"，全球互联、区域协同则是城市"内功"的空间扩散。上海首先要解决创新、人文、生态等"内功"领域的不平衡不充分问题，才能更好地发挥全球城市职能。

第一节　从时间维度纵向演变看上海历史方位

历史方位由发展阶段决定,时间维度就是根据城市在历史发展进程中过去、现在和未来中特定的时间坐标来确定其所处的时间位置。在不同的时间节点,历史方位所蕴含的发展目标有所不同。城市性质反映城市的历史方位和时代要求,构成城市理念。改革开放以来,国务院共批复过1986版、2001版、2017版3次上海城市总体规划,根据不同时期上海城市性质和目标定位的变迁,可以发现上海城市历史方位的变迁趋势。

一、太平洋西岸最大的经济贸易中心之一

在1986版的城市总体规划中,国务院在批复中对上海的城市性质定位为:我国最重要的工业基地之一,我国的港口和重要的经济、科技、贸易、金融、信息、文化中心;上海城市发展目标是建设成为太平洋西岸最大的经济和贸易中心之一;要把上海建设成为经济繁荣、科技先进、文化发达、布局合理、交通便捷、信息灵敏、环境整洁的社会主义现代化城市,在国家社会主义现代化建设中发挥"重要基地"和"开路先锋"作用。

首先强调上海是我国最重要的工业基地之一。1986版的上海城市总体规划,国务院批复要求上海调整好工业结构,进行合理布局。在这一发展时期,全国其他地区工业尚处于初步发展阶段,上

海已经开始要求调整工业结构。

此时上海跟我国香港地区以及新加坡、首尔相比差距甚大,更是无法跟东京相提并论。在整个20世纪80—90年代,与深圳、珠海、汕头、厦门等4个经济特区以及广东、福建相比,上海对外开放的范围和力度明显偏小,逐步失去了在国内经济和社会发展中独领风骚几十年的地位。上海工业总产值、出口总产值、财政收入、人均国民生产总值、能源有效利用率、商品调拨量、内迁工厂与技术人员输出等10项曾经独占全国第一。然而整个20世纪80年代,上海经济发展的总体速度仅为7.4%,低于全国平均9%的国民生产总值增长速度。

二、"四个中心"和国际大都市

2001年,国务院在城市总体规划批复中将上海城市性质定位为我国直辖市之一,全国重要的经济中心。上海城市发展目标是建设经济繁荣、社会文明、环境优美的国际大都市,国际经济、金融、贸易、航运中心之一。

进入21世纪以来,国际大都市凭借其各种功能(金融、贸易、信息、技术、航运、经济等)的集聚和优越环境,成为全球经济重要的决策中心、控制中心、市场中心和服务中心。鉴于国际城市发展的新形势和新变化,在2001版总规中,国务院把上海的全球目标从太平洋西岸扩大,明确上海国际大都市目标,而且要在经济、金融、贸易、航运4个方面都成为国际中心之一。此时不再过多强调工业,明确要以技术创新为动力,全面推进产业结构优化、升级,重点发展金融保险建设,集中建设一批市级工业区,形成若干制造业中心。

三、卓越的全球城市和社会主义现代化国际大都市

在2017版上海城市总体规划批复中,国务院对上海城市性质和定位有了新变化,强调历史文化名城和创新。国务院在批复中将上海城市性质定位为我国直辖市之一、国家历史文化名城,国际经济、金融、贸易、航运、科技创新中心。上海城市发展目标也再次提升:卓越的全球城市和社会主义现代化国际大都市。

城市总体规划批复中要求,上海要立足国际国内和本地实际,主动服务"一带一路"建设、长江经济带发展等重大战略,切实在全面深化改革、创新驱动发展、优化经济结构等方面下功夫;在深化自由贸易试验区改革上有新作为,继续当好全国改革开放排头兵、创新发展先行者,为全国改革发展稳定大局作出更大贡献。在区域合作方面,从长江三角洲区域整体协调发展的角度,充分发挥上海中心城市作用,加强与周边城市的分工协作,构建上海大都市圈,打造具有全球影响力的世界级城市群。

2017版的上海城市总体规划在经济上的篇幅已经很少,上海已经过了大干快上拼规模的阶段,侧重高质量发展,树立起"以亩产论英雄""以效益论英雄""以能耗论英雄""以环境论英雄"的导向。

四、历史方位的演变主线:响应国家战略

城市总体规划中关于发展目标的表述差异,既反映出城市对于自身不同发展阶段的愿景展望,更折射出鲜明的时代发展特征和国

家战略要求。上海城市总体规划目标定位的转变,既是为了适应城市发展阶段从工业化转向后工业化时代的主动调整,也是为了响应国家战略"双百愿景"的发展诉求。

一是上海参与全球竞争的广度和深度都不断加大。在建成国际经济、金融、贸易、航运、科技创新中心的基础上,瞄准卓越的全球城市和社会主义现代化国际大都市。

二是上海在服务国家战略中承担更重要的使命。继续当好全国改革开放排头兵、创新发展先行者,为全国改革发展稳定大局作出更大贡献。

三是上海在引领区域发展中要发挥更大作用。充分发挥上海中心城市作用,加强与周边城市的分工协作,构建上海大都市圈,打造具有全球影响力的世界级城市群。

四是上海在丰富城市发展内涵上要有新的探索。"上海2035"通过"创新、人文、生态"三个分目标,深化了"卓越的全球城市"的内

表2-1　三次总规中上海城市性质和目标定位的比较

	城市性质	定位
1986版总规划	我国最重要的工业基地之一,我国最大的港口和重要的经济、科技、贸易、金融、信息、文化中心	社会主义现代化城市、太平洋西岸最大的经济贸易中心之一
2001版总规划	我国直辖市之一,全国重要的经济中心	国际大都市,国际经济、金融、贸易、航运中心之一
2017版总规划	我国直辖市之一、国家历史文化名城,国际经济、金融、贸易、航运、科技创新中心	卓越的全球城市、社会主义现代化国际大都市

涵,充分体现创新对未来城市竞争力的核心引领,凸显对绿色可持续发展的核心支撑,彰显以人为本理念和城市特色魅力。

第二节 从空间维度横向比较看上海历史方位

空间纬度是从区域空间的外部联系来界定城市在区域发展中所处的位置,侧重于不同区域空间的横向比较。

一、全球维度:提升全球城市的综合影响力

从国际权威的世界城市研究小组(GaWC)过去16年间世界城市等级体系的变迁研究发现,上海在该榜单中的城市排名从2000年的第30位上升到2016年的第9位(见图2-1),跻身仅次于纽约和伦敦的第二梯队。在全球城市排行榜中,上海的地位总体上在逐年上升,但在全球影响力中,上海的经济影响力(经济增长速度)相对要高于科技影响力、文化影响力、环境影响力。

上海正处于经济社会快速发展的后期,将由高速增长转向高质量增长。根据前文分析的不平衡不充分的周期性变化特征可知,在经济快速增长阶段,城市经济社会发展水平与国际先进水平的差距有一定幅度缩小,但内部发展差距扩大等不平衡现象也随之产生,并制约城市经济的进一步可持续增长。因此,可以判定上海经历了快速发展过程后,城市各领域不可避免存在各种不平衡不充分问题。

	2000	2004	2008	2010	2012	2016
Alpha++	伦敦 纽约	伦敦 纽约	伦敦 纽约	伦敦 纽约	伦敦 纽约	伦敦 纽约
Alpha+	香港 巴黎 东京 新加坡	香港 巴黎 东京 新加坡	香港 巴黎 新加坡 东京 悉尼 米兰 上海 北京	香港 巴黎 新加坡 东京 上海 芝加哥 迪拜 悉尼	香港 巴黎 新加坡 上海 东京 北京 悉尼 迪拜	新加坡 香港 巴黎 北京 东京 迪拜 上海
Alpha	芝加哥 米兰 洛杉矶 多伦多 马德里 阿姆斯特丹 悉尼 法兰克福 布鲁塞尔 圣保罗 旧金山	多伦多 芝加哥 马德里 米兰 阿姆斯特丹 圣保罗 洛杉矶 苏黎世 悉尼	马德里 莫斯科 首尔 多伦多 布鲁塞尔 布宜诺斯艾利斯 孟买 吉隆坡 芝加哥	米兰 北京 多伦多 圣保罗 马德里 洛杉矶 莫斯科 法兰克福 阿姆斯特丹 布宜诺斯艾利斯 吉隆坡 首尔 布鲁塞尔 雅加达 旧金山 华盛顿	芝加哥 孟买 莫斯科 圣保罗 法兰克福 多伦多 马德里 墨西哥城 阿姆斯特丹 首尔 吉隆坡 布鲁塞尔	悉尼 圣保罗 米兰 多伦多 墨西哥城 孟买 法兰克福 马德里 华沙 约翰内斯堡 多伦多 首尔 伊斯坦布尔 吉隆坡 雅加达 阿姆斯特丹 布鲁塞尔 洛杉矶
Alpha-	墨西哥城 苏黎世 台北 孟买 布宜诺斯艾利斯 墨尔本 迈阿密 吉隆坡 斯德哥尔摩 曼谷 布拉格 都柏林 上海 巴塞罗那 亚特兰大	墨西哥城 吉隆坡 布宜诺斯艾利斯 旧金山 北京 上海 首尔 台北 墨尔本 曼谷 雅加达 都柏林 慕尼黑 华沙 斯德哥尔摩 孟买 迈阿密 布达佩斯	华沙 圣保罗 苏黎世 阿姆斯特丹 墨西哥城 雅加达 都柏林 曼谷 台北 伊斯坦布尔 罗马 里斯本 法兰克福 斯德哥尔摩 布拉格 维也纳 布达佩斯 雅典 加拉加斯 洛杉矶 奥克兰 圣迭戈	迈阿密 都柏林 墨尔本 苏黎世 新德里 慕尼黑 伊斯坦布尔 波士顿 华沙 达拉斯 维也纳 亚特兰大 巴塞罗那 曼谷 台北 圣迭戈 里斯本 费城 约翰内斯堡	首尔 约翰内斯堡 布宜诺斯艾利斯 维也纳 旧金山 伊斯坦布尔 雅加达 苏黎世 华沙 华盛顿 墨尔本 新德里 迈阿密 巴塞罗那 曼谷 波士顿 都柏林 台北 慕尼黑 斯德哥尔摩 布拉格 亚特兰大	都柏林 墨尔本 华盛顿 新德里 曼谷 苏黎世 维也纳 台北 布宜诺斯艾利斯 斯德哥尔摩 旧金山 广州 马尼拉 波哥大 迈阿密 卢森堡 利雅得 圣地亚哥 巴塞罗那 特拉维夫 里斯本

图 2-1 2000—2016 年上海在 GaWC 世界城市排名的变化[①]

[①] 石崧:《从国际大都市到全球城市:上海 2040 的目标解析》,《上海城市规划》2017 年第 4 期。

从全球城市排名基础矩阵示意图来看(见图2-2),上海在宜居城市、城市竞争力等方面存在明显短板,存在与其他领域的不平衡现象,这也证明了上海当前存在一定程度的不平衡不充分问题。上海迈向"卓越的全球城市",不光要依靠经济影响力,而是要靠综合影响力,包括科技、文化、生态、民生。由于通过市场机制和经济发展难以完成解决不平衡不充分问题的任务,因此,上海迈向对标卓越的全球城市,必须采取一定的政府干预,解决城市发展中存在的不平衡不充分问题。

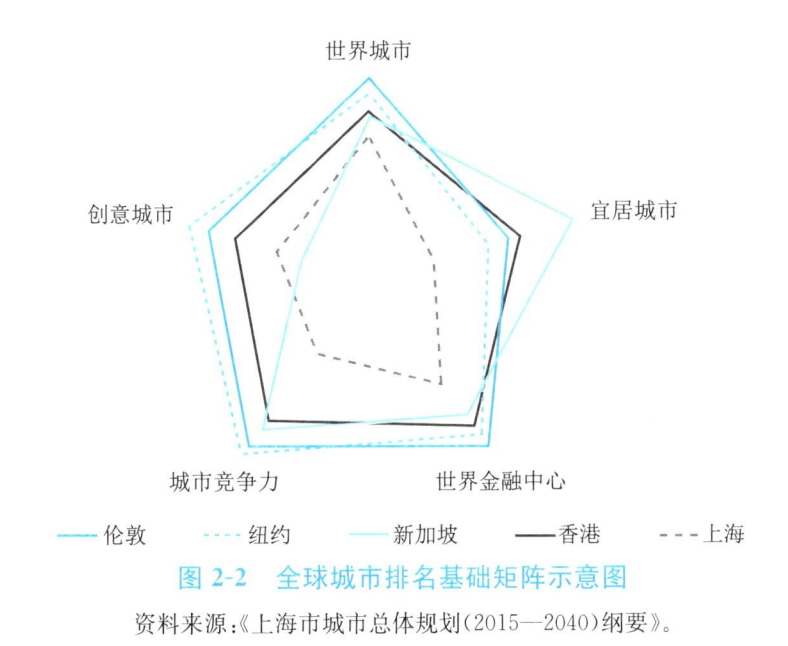

图 2-2　全球城市排名基础矩阵示意图

资料来源:《上海市城市总体规划(2015—2040)纲要》。

二、全国维度:承担代表国家参与全球竞争的使命

卓越的全球城市在国家层面的特征体现在先行先试、排头兵、先行者等方面。20世纪80年代,当东南沿海率先改革时,上海贡

献全国财政收入的1/7,稳住改革"大后方"。20世纪90年代,通过浦东开发开放,带动长三角乃至整个长江流域的发展。2008年以后,上海又陆续推出"营改增"、家庭农场和自贸区等重大改革,为全国改革开放探索新路、积累经验。上海被继续赋予"改革新高地、开放新标杆"的重任,这是上海未来所处历史方位一个最大特征。

根据国务院对北京、上海、广州的城市总规批复来看(见表2-2),北京的"四个中心"都是"全国"性质的,广州是"两个国际中心+一个国内中心",而上海的"经济、金融、贸易、航运、科技创新中心"都是"国际"性质的;上海要建设的是"卓越的全球城市和社会主义现代化国际大都市",北京则是"伟大社会主义祖国的首都、迈向中华民族伟大复兴的大国首都、国际一流的和谐宜居之都"。北京重点在要建设一个什么样的首都,以及怎样建设一个首都。上海则是一个全球视野下的城市发展战略调整,这也表明上海正在成为中国新一轮改革开放的试验田,也将更多代表中国参与全球竞争。

表2-2 国务院对上海、北京、广州总规批复内容比较

	城市性质	定　位
上海	我国直辖市之一、国家历史文化名城,国际经济、金融、贸易、航运、科技创新中心	卓越的全球城市、社会主义现代化国际大都市
北京	中华人民共和国的首都,全国政治中心、文化中心、国际交往中心、科技创新中心	建设伟大社会主义祖国的首都、迈向中华民族伟大复兴的大国首都、国际一流的和谐宜居之都
广州	广东省省会、国家历史文化名城、我国重要的中心城市、国际商贸中心和综合交通枢纽	建设成为经济繁荣、和谐宜居、生态良好、富有活力、特色鲜明的现代化城市

三、区域维度：内引外联提升长三角发展能级

《上海市城市总体规划（2017—2035年）》强调上海在区域发展中应发挥"龙头"作用，从长江三角洲区域整体协调发展的角度，提出充分发挥上海中心城市作用，加强与周边城市的分工协作，构建上海大都市圈，打造具有全球影响力的高级别城市群。

在2018年1月12日召开的长三角地区主要领导座谈会上，一市三省达成的共识是——创新引领，携手打造世界级城市群。为实现这一目标，各城市的定位明确为：进一步提升上海全球城市功能，提升南京、杭州、合肥副中心城市的国际化水平和城市首位度。贯彻中央的战略部署，加快长三角城市群协同发展是上海作为核心城市在新时代新一轮改革开放中义不容辞的责任与担当。

当前，上海是外向度（本土跨国公司总部所在地）很低和内向度（境外跨国公司分支机构所在地）较高的长三角地区乃至国家门户城市。[1]长三角地区已经成为世界级的外向型制造业基地，为增强上海作为长三角世界级城市群核心城市的龙头带动作用、集聚辐射效应和国际竞争力，上海应当更好地发挥向外连接全球网络和向内辐射区域腹地的"两个扇面"作用（见图2-3），内引外联，在引领长三角地区参与全球竞争进程中不断提升全球影响力。

---

[1] 唐子来、李粲：《全球视野下上海城市发展战略思考》，《上海城市规划》2017年第4期。

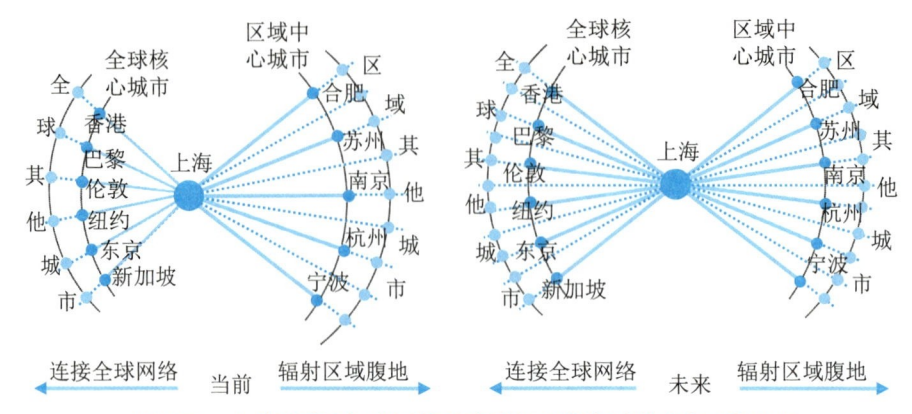

图 2-3　上海连接全球网络和辐射区域腹地的"扇面"作用

四、不同空间维度叠加：突破城市发展中的核心瓶颈

在不同空间维度上，上海建设全球城市的功能内涵有所不同，但本质上均是打造5流（人流、物流、资金流、技术流、信息流）交汇之地，具备强大的集聚、辐射功能。实现上述功能，最基本的就是打造宜居宜业城市，提升城市的竞争力和吸引力。从不同空间维度来看，上海建设全球城市，在顺应城市经济发展趋势的同时也需要兼顾到当下在创新、文化、生态、民生发展领域面临的核心瓶颈，解决制约城市能级和核心竞争力提升的瓶颈问题。

新时代是高质量发展的时代，上海建设全球城市，必须围绕提升城市能级和核心竞争力，更加聚焦上海发展的主要矛盾和关键环节，以重大问题的突破支撑和引领上海全球城市建设，其中尤为重要的是以市民为中心，把市民的幸福感、获得感作为上海城市发展的最高要求，从细节入手，提高宜居品质。

第三节　从矛盾问题变化维度看上海历史方位

从国家层面来说,"中国特色社会主义进入了新时代",一个显著的标志就是我国社会主要矛盾发生了重要转化。同样如此,新时代上海历史方位的变化,其标志同样是城市主要矛盾问题发生了变化。城市发展中的矛盾问题决定了城市发展的中心任务和方向,正确把握不同历史时期的城市突出矛盾问题,是判断城市发展所处历史方位的内在依据。

一、我国社会主要矛盾的变化

我国社会主要矛盾的性质表现为矛盾的两个方面,即矛盾主体与矛盾客体之间的矛盾。

从矛盾主体看,矛盾主体需求内涵从原来的"人民日益增长的物质文化需要",转变为新时代"人民日益增长的美好生活需要"。矛盾主体需求内涵从原来比较单一的物质利益需求向非物质利益需求扩展;需求的层次从原来衣食住行的生存型需求向发展型需求转变。

从矛盾客体看,"落后的社会生产"已被我国生产力显著提高、人民生活水平明显提升、经济基础不断完善所代替。矛盾客体的特征从原来"落后的社会生产"转变为"不平衡不充分发展"。

党的十九大关于社会主要矛盾提出了新的重大政治判断:"中国特色社会主义进入新时代,我国社会主要矛盾已经转化为人民日益增长的美好生活需要和不平衡不充分的发展之间的矛盾。"社会主要矛盾对新时代中国特色社会主义历史方位起着制约作用,影响着中国特色社会主义新时代前进的方向。

二、上海城市发展中矛盾问题的变迁

改革开放以来,上海的城市性质定位发生多次变化,城市经济社会发展中的突出矛盾和问题也随之变化。梳理"九五"以来上海历次五年发展规划中对城市突出矛盾和问题的描述(见表2-3),在20世纪末,企业所有制改革、城市基础设施、产业发展等是城市发展面临的突出问题,面向"十三五",老龄化、生态环境、创新、国际化、民生领域成为城市发展面临的突出问题。城市主要矛盾问题的变化反映了上海城市发展的客观实际。

表2-3 上海市经济社会发展突出的矛盾和问题变化情况

时期	城市突出矛盾和问题	来源
"九五"期间 (1996—2000年)	● 国有企业的资产负债率高、冗员多、社会负担重 ● 企业转制与改造任务仍很艰巨 ● 城市交通、环境治理等有待进一步改善 ● 城市基础设施建设和旧区改造任务十分繁重 ● 产业结构与布局调整带来的劳动力转移和动拆迁难度大 ● 高物价压力 ● 城市建设、企业改造资金短缺,筹资难度加大 ● 城市管理、社会治安等方面还存在不少薄弱环节	《上海市国民经济和社会发展"九五"计划与2010年远景目标纲要》

续 表

时期	城市突出矛盾和问题	来源
"十五"期间 （2001—2005年）	● 部分企业的经营机制和研发能力还不能适应市场竞争的要求 ● 产业结构优化升级和所有制结构调整任务仍很繁重 ● 影响国际竞争力提高的体制、科技等方面的制约因素依然不少 ● 加强城市建设和管理、改善城市生态环境的任务还相当艰巨 ● 市场法规体系和监管手段尚待逐步健全完善 ● 经济社会可持续发展能力还要进一步提高 ● 就业压力仍然较大 ● 社会保障体系还需完善 ● 农民收入有待提高	《上海市国民经济和社会发展第十个五年计划纲要》
"十一五"期间 （2006—2010年）	● 土地资源和环境容量约束趋紧 ● 能源供求和安全问题凸显 ● 中心城区交通拥堵等矛盾较为突出 ● 自主创新能力不足，创新体系和创新环境有待完善 ● 服务业发展仍比较滞后 ● 制造业缺乏核心技术和自主品牌，加快产业结构升级更加迫切 ● 就业、社会保障压力依然较大 ● 郊区和农村发展存在薄弱环节 ● 维护社会稳定和城市安全的工作更加繁重 ● 政府职能转变、所有制结构调整、市场体系建设等需要加快推进	《上海市国民经济和社会发展第十一个五年规划纲要》
"十二五"期间 （2011—2015年）	● 资源环境约束趋紧 ● 商务成本攀升 ● 高层次人才缺乏，创新创业活力不足 ● 城市管理和城市安全任务艰巨 ● 城乡区域发展协调性有待增强 ● 常住人口总量快速增长	《上海市国民经济和社会发展第十二个五年规划纲要》

续 表

时期	城市突出矛盾和问题	来源
"十二五"期间 (2011—2015年)	● 人口老龄化程度加剧 ● 基本公共服务和社会保障压力加大 ● 收入分配差距较大 ● 群体利益诉求日趋多样、协调难度增加,社会矛盾增多 ● 体制机制瓶颈更加凸显,改革攻坚任务更加艰巨 ● 传统发展模式已不可持续,发展转型迫在眉睫	《上海市国民经济和社会发展第十二个五年规划纲要》
"十三五"期间 (2016—2020年)	● 人口总量和结构性矛盾凸显,老龄化程度加剧 ● 高层次人才比重偏低 ● 资源环境约束更加趋紧,生态环境质量与市民期盼有较大差距 ● 经济保持稳定增长和转型升级面临的挑战增多 ● 科技创新能力和活力明显不足,发展的质量和效益亟需提高 ● 城市功能和空间布局需进一步优化 ● 提高城市管理水平、保障城市安全运行的压力日渐加大 ● 城乡发展差距依然明显,推进基本公共服务均等化任务较重 ● 医疗、教育、交通、食品药品安全等领域瓶颈凸显 ● 城市发展的软环境仍待改善,市民素质和城市文明程度需要提高 ● 国际化、市场化和法治化水平需进一步提升	《上海市国民经济和社会发展第十三个五年规划纲要》

对不同时期矛盾问题相关内容的词频进行统计和可视化(见图2-4),从中可以看出上海的城市突出矛盾和问题具有显著的阶段特征。

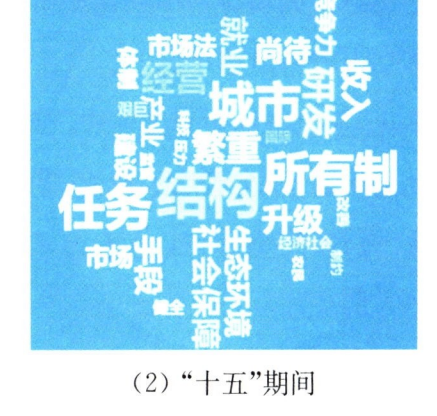

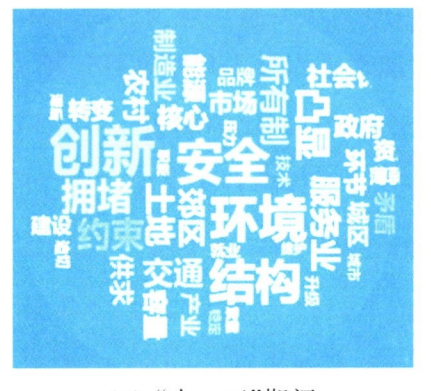

第二章　新时代上海发展所处的历史方位和特征　025

(1)"九五"期间　　　　　　(2)"十五"期间

(3)"十一五"期间　　　　　(4)"十二五"期间

(5)"十三五"期间　　　　　(6)历年总体情况

图 2-4　历次"五年规划"关于城市突出矛盾问题的词频分析

一是词频分析中描述城市突出矛盾问题的词汇越来越多,这并不是说城市发展中的问题越来越多,而是城市的规划管理越来越精细化,从原来的主要关注经济增长(如"九五""十五"期间,高频词主要是所有制、建设、改造、经营等),到现在关注经济、社会保障、医疗、教育、安全、创新、生态等多个领域,市民美好生活需求得到越来越多的关注。

二是"城市安全""生态环境""资源约束"等在各时期发展规划中均有出现,说明上述领域一直是上海城市发展过程中需要重视的矛盾问题,这与上海的城市规模、发展水平以及人口密度密切相关。新时代的上海同样需要重视城市安全、生态环保等问题。

三是"市民"作为高频词在"十三五"规划中首次出现,而在以前的历次规划中,"城市"是发展规划的主要对象,这说明当前上海发展更加关注市民的幸福感、获得感;"老龄化""城乡协调、公共服务均等化""高层次人才""质量"也是近年来新出现的问题,反映了上海新时期社会矛盾问题的新变化。

四是"凸显""艰巨"等形容矛盾问题严峻程度的词的频度变高,在"十二五""十三五"规划中均有出现,反映城市发展中一些突出矛盾和问题暴露出来,如"城市管理和城市安全任务艰巨""人口总量和结构性矛盾凸显"等,对城市发展提出严峻考验。

上海城市发展中突出矛盾问题的变迁,可简要概括为从关注城市建设转向关注人的发展、从关注规模扩张转向关注质量提升。当前的城市突出矛盾问题既有不充分问题,也有不平衡问题,上海要建设令人向往的创新之城、人文之城、生态之城,需要深入研究和把握超大型城市的发展规律和阶段性特征,对城市的建设、运营、管理等需要转入"以人为本",着力解决好发展不平衡不充分问题,大力提升发展质量和效益,提升城市吸引力、竞争力,更好满足人民日益增长的美好生活需要。

第四节 新时代上海所处历史方位特征

不平衡不充分问题总是随着经济发展而不断呈现周期性变化,改革开放以来,上海经济保持了持续快速增长(见图2-5),上海城市中的不平衡、不协调问题随经济快速发展而积累并逐渐显现。新时代上海历史方位的变化,其标志之一是城市主要矛盾问题发生了变化,这也决定了上海城市发展的中心任务和方向,努力解决城市中的不平衡不充分问题。

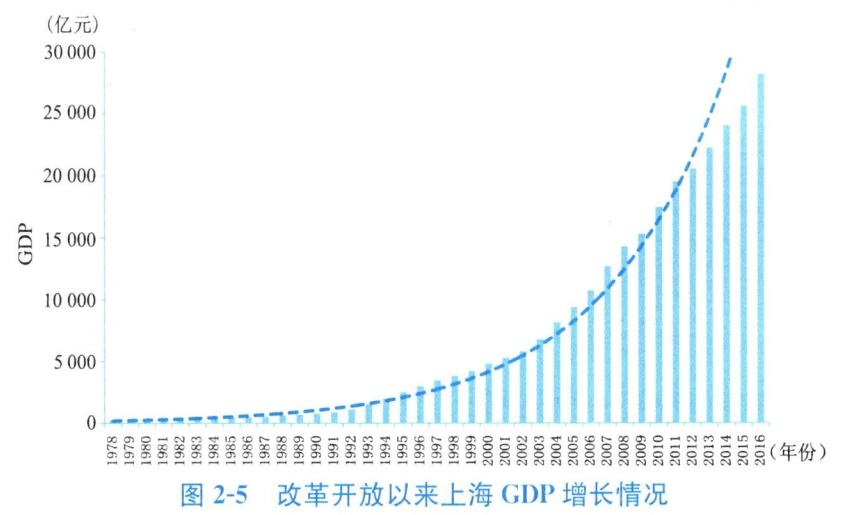

图 2-5 改革开放以来上海 GDP 增长情况

数据来源:《上海统计年鉴(2017)》。

一、全球互联：强化内引外联两个扇面

全球城市的能级是靠各种全球性的功能机构和公司所集聚的程度来实现的，全球城市的核心功能不是财富、资本的积累，而是全球资源配置能力和全球综合服务功能。上海处在东亚沿海地带城市链的枢纽位置，将承担起我国参与和影响世界经济事务的重要平台作用，充当全球经济资源流动与配置的重要空间载体，具有十分重大的战略意义。

上海是外向度（本土跨国公司总部所在地）很低和内向度（境外跨国公司分支机构所在地）较高的长三角地区乃至国家门户城市。[①]上海的关注点是全球网络关键节点发挥全球资源配置的特殊功能，应坚持内向度与外向度并举，发展成为外向度高的全球中心城市和内向度高的区域门户城市，在吸引具有全球资源配置功能的机构集聚到上海的同时，发展成为引导国内企业、城市进入全球市场的通道，发挥内因外联的两个"扇面"作用，成为全球资金、信息、人才、货物、科技等要素流动的重要枢纽节点，提升上海的资源控制力。

二、区域协同：由长三角变身为大上海

顶级的全球城市都有自己的都市圈，有明确的功能分工，并且以区域作为全球竞争单元，而不是单独的城市，如纽约大都市区、伦

---

① 唐子来、李粲：《全球视野下上海城市发展战略思考》，《上海城市规划》2017年第4期。

敦都市圈、东京都市圈,从而形成"大纽约""大伦敦""大东京"的都市圈品牌。

因此,上海全球城市建设必须依靠长三角城市群的发展,上海与长三角不再是传统的"中心—外围"发展关系,将演变为上海长三角甚至长江经济带城市能级环环相扣的城市网络,上海是核心节点,有其核心功能,其他城市同样也是网络节点,有自己特定功能。上海通过市场机制选择,把全球城市核心功能做大做强,把非全球城市核心功能疏解出去,使周边城市都有自己独特的功能,与上海进行互补配套。上海周边地区主动对接上海市构建上海大都市圈,共建共享一个世界级品牌"大上海"。

三、创新发展:以服务质量提升创新能力

推动城市创新发展是实现新时代上海发展战略目标的主要任务,首先是实现创新要素的集聚,其次才能开展创新活动,取得创新成果。创新型人才是创新发展的核心要素,创新型机构是高质量发展的驱动要素,两者均是创新发展和高质量发展中最活跃和最关键的要素。因此,实现高质量发展,重在推进全球创新要素在上海集聚。

实现创新要素的集聚,需要提升城市吸引力、创造力和竞争力。传统模式是通过降低商务成本来吸引企业和劳动力,新时代全球城市主要通过高质量发展吸引高层次的企业与投资。上海城市能级不断提升,商务成本降低空间有限,甚至面临上升的压力,为成为全球创新资源的交汇地,上海需要优化营商环境,从"管理"转向"服

务",从"降门槛"转向"造环境",提高服务质量,以服务提升服务,吸引全球创新企业和人才集聚到上海。

四、人文魅力:以提高生活品质为核心

全球城市是各种"流"的交汇地,其中最核心的"流"是人流,吸引人流的手段最根本一条就是具有高品质生活。提高生活品质,主要着眼于满足超大城市人民群众对美好生活的需要,最直接的就是一些公共服务设施的完备和品质的提高,增加多层次、高水平公共服务供给,聚焦优良人居环境建设,提高城市居民的获得感和幸福感。

全球城市是一个高度开放的系统,在常住人口基础上,上海公共服务设施建设需要根据实际服务人口(包括常住人口、半年以下暂住人口、跨市域通勤人口、短期游客等)的不同需求进行公共资源配置,提高城市"以人为本"的保障能力和适应能力。住房、养老、基础教育、绿地等基本公共服务设施面向常住人口。能源、安全、交通等设施面向实际服务人口,并保持一定的弹性。文化、医疗、教育、体育等高等级公共服务设施主要面向常住人口以及辐射区域内的需求。

五、生态优先:经济优势转为生态优势

上海建设全球城市,将吸引更多的全球精英人才,而全球精英人才一般对城市生态环境质量非常敏感,对良好的生态产品有很高的期待和要求。只有实施生态优先、建设美丽上海,才能使上海成

为全球精英汇集的人才高地。这就需要改变传统的先污染后治理、边污染边治理的发展思路,实现源头治理、绿色发展,由经济发展与生态环境协调转向生态环境保护优先。

随着经济发展转型和科技进步,经济发展和生态环境保护已不是对立关系,创新驱动和绿色发展成为一个事物的两个方面。对上海来说,不仅要把生态优势转化为经济优势,更要把经济优势转化为生态优势,利用上海的技术优势、经济优势,加强生态环境保护投入和产业绿色转型,以经济优势推进生态保护和绿色发展,不仅提升上海自身生态环境质量,还应为更广阔区域提供生态产品服务、生态技术服务、生态市场服务。

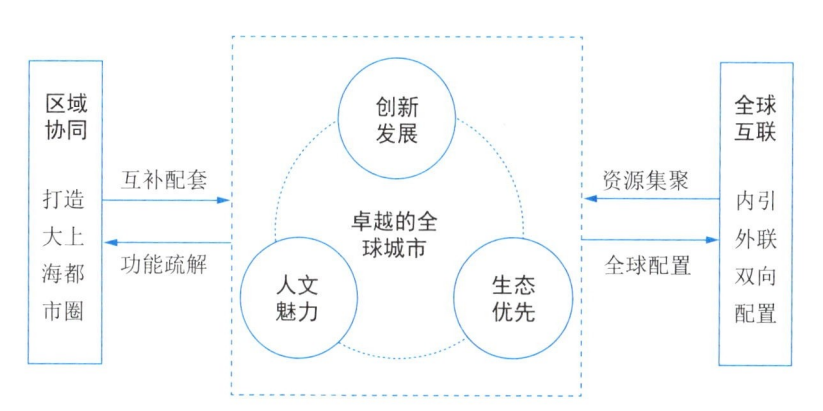

图 2-6　新时代上海所处历史方位的特征框架

新时代上海所处历史方位的五个特征可以分为两大类(见图 2-6),其中创新、人文、生态是提升城市能级的关键领域,属于城市的"内功",全球互联和区域协同则是城市功能的集聚与辐射效应的具体表现。因此,创新、人文、生态是城市能级和竞争力提升的前提和基础。需要深入研究和把握超大型全球城市的内在发展规律和阶段性特征，提升城市发展质量和效益，更好满足人民日益增长的美好生活需要。

上海建设全球城市，必须更加聚焦上海发展的主要矛盾和关键环节，以重大问题的突破支撑和引领上海全球城市建设，其中尤为重要的是以市民为中心，把市民的幸福感、获得感作为上海城市发展的最高要求，从细节入手，提高宜居品质。

第三章　上海发展不平衡不充分问题的主要表现

上海作为全国最大的经济中心城市,已经迈入全球城市行列,但与顶级全球城市相比仍存在一定差距,而且城市经济社会各个维度的表现差异明显,"长板"与"短板"并存。发达国家的实践证明,区域不平衡程度不会因经济增长而自动得到缓解,并不呈理想化的库兹涅茨"倒U型曲线",需要由政府采取缩小不均衡程度的措施。上海总体上还处于库兹涅茨拐点左侧,不平衡、不协调问题随经济快速增长而积累并逐渐显现,上海迈向卓越的全球城市,必须采取一定的政府干预,以解决城市发展中存在的不平衡不充分问题。

本章从三个不同的视角来分析上海发展不平衡不充分问题。一是从全球城市的对比视角,不平衡不充分问题是相对的,上海城市建设目标是卓越的全球城市,需要对比上海与顶级全球城市水平的相对差距,找出以全球城市为标杆衡量的不平衡不充分问题(详细分析见附件一）。二是从市民美好生活需要的视角,解决不平衡不充分问题目的之一是满足人民美好生活需要,因此,需要结合城市居民的美好生活需要去分析上海的不平衡不充分问题(详细分析见附件二和附件三）。三是从上海城市发展回顾的视角,在效率优先原则的指导下,经济社会各领域发展水平不可避免会有所差距,需要根据上海自身经济、社会、生态各领域的发展水平对比,总结存在的不平衡不充分问题(详细分析见附件四）。

通过不同视角分析结果的比较叠加,总结出上海在创新、人文、生态领域存在的差距短板,不充分问题是发展现状与理想水平之间的差距,不平衡问题是不充分问题在不同发展领域、不同区域的分布产生的,总体上可以分为领域发展不平衡、空间发展不平衡。新时代上海领域发展不平衡分为创新、人文、生态三大领域间的不平衡,各个领域没有实现协调发展;区域发展不平衡是差距短板在空间上的分布特征产生的,具体表现为城市不同空间的不平衡,特别是中心城区和郊区的发展不平衡。

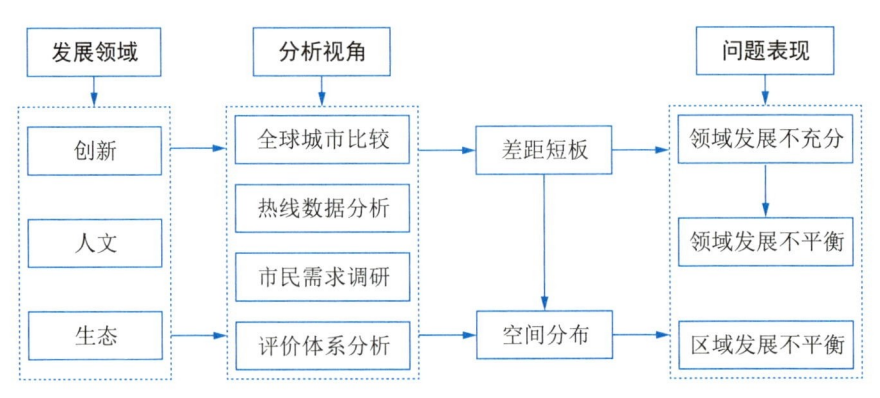

图 3-1 上海发展不平衡不充分问题分析框架

第一节　上海发展不充分的主要表现

上海发展不充分问题是指与城市发展国际顶级水平以及居民生活需要相比,在创新、人文、生态领域存在的发展程度尚不够高、发展态势尚不够稳固问题。

一、上海发展不充分的综合判断

从与顶级全球城市的比较来看,普华永道2016年发布的《机遇之都7》调研报告从"智力资本和创新""技术成熟度""门户城市""交通和基础设施""健康、安全和治安""可持续发展和自然环境""人口结构和宜居性""经济影响力""宜商环境"和"成本"等10个维度,对30个作为全球商业和金融中心城市的经济和社会发展情况进行了全面考察。

将上海与伦敦、纽约的10个维度得分情况制作成雷达图(见图3-2),从中可以看出伦敦与纽约10个维度的发展结构具有相似性,其中"成本"是两个城市共同的发展不充分领域,一定程度上反映了高成本是全球城市的共同特征;除"成本"外,经济和社会的其他领域基本呈均衡发展,总体上代表了当前全球城市经济社会各领域发展的结构特征。

根据与伦敦、纽约经济社会发展结构特征的对比可以看出,上海除了"门户城市"得分高于纽约外,其余领域均与伦敦、纽约有一

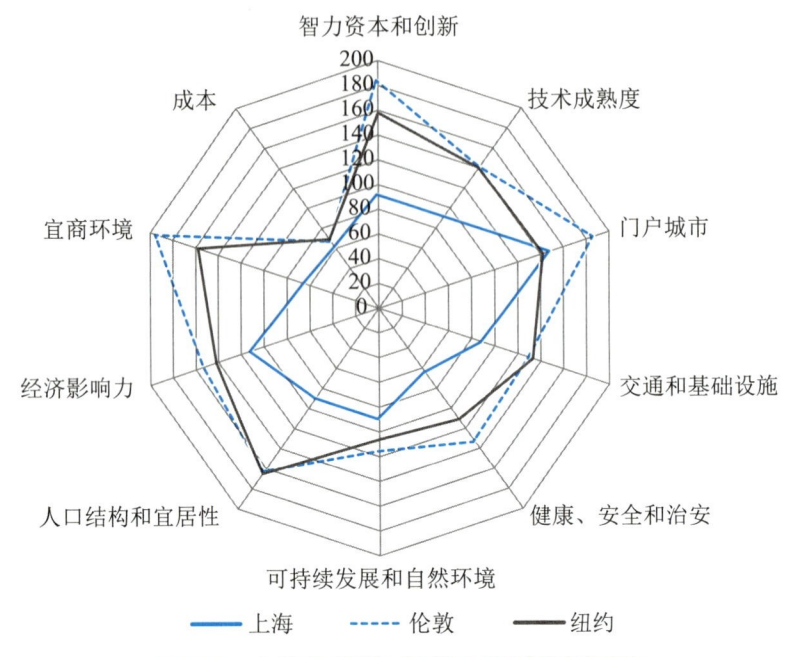

图 3-2 上海与伦敦、纽约各领域发展对比

资料来源：PWC. *Cities of Opportunity 7*. 2016.

定差距，其中"成本"虽然与其他领域相比得分水平低，但高成本是全球城市的共同特征，因此，在上海全球城市建设过程中"成本"领域的不充分问题并不显著。上海总得分是 901 分，纽约与伦敦的平均得分是 1 395 分，上海与伦敦 & 纽约平均水平之比为 0.646，上海 10 个领域与纽约 & 伦敦对应领域平均得分之比低于 0.646 的为"宜商环境""智力资本和创新""人口结构和宜居性""健康安全和治安"（见表 3-1），"健康安全和治安"中的道路交通安全、医疗体系服务水平、养老服务等指标以国家尺度的数据进行替代，而上海在这些领域高于全国发展水平，暂不能以此判定上海该领域的不充分是否显著。因此，与顶级全球城市相比，上海的"宜商环境""智力资本和创新""人口结构和宜居性"的不充分程度相对较大,[①]并与经济社会其他领域存在发展不平衡问题,解决城市突出的不充分问题有助于改善各领域发展的不平衡问题。

表 3-1　上海各领域得分与伦敦 & 纽约平均水平的比值

	上海	伦敦 & 纽约平均水平	上海与伦敦 & 纽约平均水平的比值
综合得分	901	1 395	0.646
门户城市	149	164.5	0.906
成本	61	68	0.897
可持续发展和自然环境	89	110.5	0.805
经济影响力	111	147	0.755
交通和基础设施	89	131.5	0.677
技术成熟度	92	141	0.652
智力资本和创新	92	171	0.544
人口结构和宜居性	89	163.5	0.538
健康、安全和治安	64	122	0.525
宜商环境	65	176	0.369

从上海自身经济社会各领域发展比较来看,环境、居住、交通等与宜居密切相关的领域同样表现出与其他领域的发展不平衡问题。从"幼有所育、学有所教、劳有所得、住有所居、病有所医、老有所养、

---

① a.宜商环境主要受创业便利性、出入境的便捷、外国大使馆或领事馆的数量、小股东利益保护能力评估、企业运营风险评估、税率等影响;b.智力资本和创新主要受城市创新、受高等教育人口、世界级大学排行、知识产权保护等影响;c.人口结构和宜居性主要受生活质量、劳动力人口、移民吸引力、城市的吸引力、气候、基础设施(特别是交通)、安全、经济繁荣以及信息传播等影响。

弱有所扶、行有所乘、生态环境"等9个领域构建上海市美好生活需要评价指数,2016年的美好生活需要指数的9个领域平均得分是0.631,生态环境、住有所居、行有所乘、劳有所得四项得分分别为0.492、0.480、0.555、0.500,低于各民生领域的平均水平。从上海市美好生活需要各领域的发展比较来看,生态环境、住有所居、行有所乘、劳有所得与其他领域相比,不充分的程度相对明显(见图3-3),与其他领域表现出发展的不平衡现象。

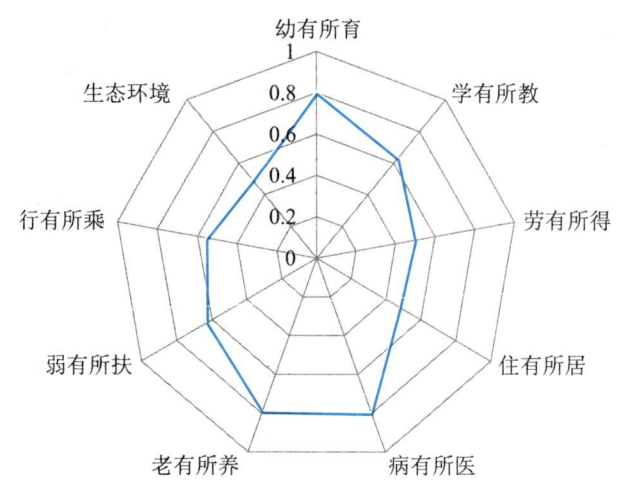

图 3-3　2016年上海市美好生活需要分领域得分情况

二、创新领域的发展不充分表现

2016年,上海人均GDP约为1.68万美元,同期纽约为7.86万美元,伦敦为5.87万美元,相比之下上海经济水平离顶级全球城市有相当差距。

(一)城市创新软环境、创新主体资源发展不充分

从普华永道发布的《机遇之都7》中"智力资本和创新"各子领

域排名来看,与其他国际大都市相比,上海在"数理技能掌握"领域一枝独秀,排在第一位;在"知识产权保护程度""创业环境"等创新软环境方面排名靠后,并大幅落后于纽约、伦敦;在"受过高等教育人员比例""世界级大学排行"等创新主体资源方面排名同样大幅落后于纽约、伦敦;在"公共图书馆数"指标上则排在倒数第二位。

表 3-2 上海与其他城市的"智力资本和创新"各领域排名对比

	纽约	伦敦	东京	上海
公共图书馆数	10	2	9	29
数理技能掌握	15	11	5	1
受过高等教育人员比例	9	4	16	21
世界级大学排行	9	1	8	18
创新城市指数	2	3	10	17
知识产权保护程度	11	3	2	19
创业环境	3	9	18	20

资料来源:PWC. *Cities of Opportunity 7*. 2016。

参照"上海 2035"创新之城建设的核心指标,从创新主体资源集聚看,在 2018 年《泰晤士高等教育》公布的世界知名大学排名中上海有 3 家大学上榜,而纽约、伦敦分别有 5 和 15 家。上海科技活动从业人员占比仅为 2.4%,远低于纽约(14.7%)和伦敦(14.6%)的水平。位于上海的世界 500 强企业数量也相对较少。在网络覆盖率和公共交通分担率两方面,上海发展程度基本与纽约持平,反映出上海创新发展的硬件设施基本已接近或达到全球顶端城市水平,但创新影响力和创新软件条件还有所欠缺。

表 3-3　创新之城建设的指标对比

	纽约	伦敦	上海
从事科技活动人员占比	14.7%	14.6%	2.4%
世界排名 top500 大学数量	5	15	3
金融业增加值占全市生产总值比例(2013)	14.4%	18.6%	13.1%
世界 500 强企业数量	16	14	8
年入境境外旅客总量	1 906 万	1 310 万	873 万
高速无线数据通讯网络覆盖率(2014)	80.2%	94%	85%
公共交通占全方式出行比例(%)	27.2%	35.7%	25.2%

数据来源：OneNYC 2018；http://www.fortunechina.com；https://www.london.gov.uk/。

（二）城市国际吸引力有待加强

全球城市需要国际化人才，要具有全球竞争力，就要吸引来自世界各地最优秀的人才。外国人口的多少成为衡量城市国际化的重要指标，反映了城市能在多大程度上吸引外国企业、外国人才。2017 年，上海入境游客数量为 873 万人次，不足纽约的 50%。伦敦人口中 27% 是外国人，大伦敦范围内讲着 300 种不同的语言。纽约市外国人口占纽约人口的 37%。上海是一座国内移民城市，而非国际移民城市，知识型人才国际化水平不高，上海还没有达到其他全球城市由国内、国外两类居民共同影响经济发展的程度，这表明上海在全球经济辐射力、国际影响力等方面发展的不够充分。

三、人文领域的发展不充分表现

全球城市追求的是有创新创意潜力的高质量人才，高品质宜居生活环境成为吸引国际化人才的关键内容之一。

（一）人均公共文化设施不足

从全球城市内部而言，高品质宜居生活环境应该从安全性、便利性和舒适性等方面进一步凸显对城市中生活居民的精神需求、休闲娱乐等方面的满足和实现。上海的精神享受和休闲娱乐设施总量上均少于纽约与伦敦，再加上3倍于纽约与伦敦的人口总基数，使得上海公共文化服务万人拥有量远远落后于顶级全球城市。而且由于纽约、伦敦等全球城市的公共文化建设起步早，已经形成了相对成熟的公共文化服务机制，所以上海与上述城市之间的差距仍然比较大。在美国美世咨询公司(Mercer)发布的2018年全球城市宜居排名[1]中，上海排在百名之外，虽然伦敦、纽约宜居度相对较低，但上海与伦敦、纽约尚存在一定差距(见表3-4)。

表3-4 人文之城建设的指标对比

	纽约	伦敦	上海
世界文化遗产	1	4	0
博物馆	142	215	120
美术馆&画廊	613	857	360
公共图书馆	——	383	302
全球城市宜居度排名	45	41	103

数据来源：*World Cities Culture Report 2015*；*London cultural strategy 2014*；*Mercer Quality of Living Survey 2018*。

---

[1] 该排名根据城市的生活消费品、经济情况、住房情况、医疗健康情况、自然环境、社会环境、公共服务和运输、娱乐项目、学校和教育、社会文化环境等综合评价。

(二)满足基本生活需求的供给有待进一步提升

从城市居民的问卷调查结果来看,美好生活需要各项调查领域的平均得分为3.25,介于一般和满意之间,住房保障、养老保障、就业收入、休闲娱乐、医疗服务满意度得分为3.07、3.1、3.16、3.2、3.21,得分低于平均水平,在美好生活需要各领域中发展不充分程度相对较高。

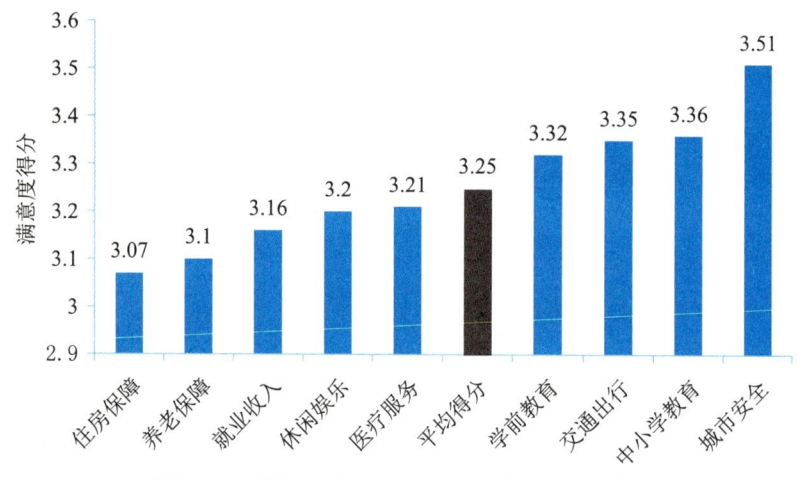

图3-4 居民各项生活需要满意度得分情况

从各项美好生活需求领域的居民关注量占比情况来看(见图3-5),医疗服务受到的关注度最高,72.55%的调查对象表示了对医疗服务的高度关注,住房问题、养老保障、环境问题同样受到超50%的调查对象的关注,上海市民对公共服务的安全感依然较低,对医疗服务、住房保障、养老保障等基本公共服务的关注度最高,而对休闲娱乐等发展型的公共服务关注相对较低,依据马斯洛的需求层次,上海公共资源配置还处在满足居民的基本生存和安全需求的阶段。只有这些基本需求得到满足后,城市居民的发展型需求才能得到提升。

图 3-5　各项领域居民关注占比情况

医疗服务 72.55%
住房问题 65.03%
养老保障 58.44%
环境问题 52.91%
就业问题 44.94%
中小学教育 41.10%
安全问题 34.20%
交通出行 28.83%
学前教育 27.76%
休闲娱乐 12.12%

图 3-6　马斯洛需求层次

自我实现的需要：工作的挑战性　职业发展　参与决策　个人能力发挥
尊重的需要：薪资公平性　奖励　晋升机遇　社会地位
社交的需要：上下级沟通　工作氛围　人际关系　团队精神
安全的需要：就业保障　劳动保护　养老保障　健康保障
生理的需要：工资待遇　工作环境　医疗保障　工作时间

四、生态领域的发展不充分表现

随着全球气候变暖,环境问题的日益严峻,绿色发展也成为全球城市影响力评价的重要领域,生态环境从城市发展的限制因子转变为驱动因子,生态环境成为全球城市竞争力的重要方面。2013—

2016年上海12345市民服务热线来电内容中,有关环境污染方面的来电占比由2013年的1.25%增加至2016年的2.2%,呈上升型,一方面,反映出群众的环境意识普遍提高;另一方面,也反映了城市生态环境保护工作还存在发展不充分问题。

(一)城市生态功能有待进一步增强

按照生态学要求,当一个地区森林覆盖率达到30%以上为最适宜人类居住的生态环境,此时森林的净化空气、自然防疫、固碳制氧、调节气候、保持水土、除尘防污等功能才能有效地发挥作用。国家森林城市评选标准是"年降水量800毫米以上地区的城市市域森林覆盖率达到35%以上,且分布均匀"。与纽约、伦敦等国际顶级大都市比较来看,纽约市森林覆盖率为20%,并且3/4的纽约市民居住在离公园0.25千米的范围内;伦敦森林覆盖率高达42%,面积大于20公顷的大型绿地占总绿地面积的67%。相对而言,上海尽管自2001年启动《上海城市森林规划》后不断增加森林覆盖率,当前已达到16.2%,但距2035年全市森林覆盖率达到23%的目标仍有不小的距离,而且其中1/4的森林在崇明,市区森林覆盖率更低,总体距离发挥城市生态功能的要求还存在较大差距。

近年来,上海生态环保领域存在污染防治和生态空间保护的不平衡问题。随着环境污染治理力度加大,大气污染物和水环境污染物排放量不断下降,可吸入颗粒物浓度由2007年的88微克/立方米降至2016年的59微克/立方米,而同期自然保护区覆盖率则由12.1%下降至11.8%。至"十二五"末,上海建设用地占陆域面积比重已达 45%,逼近生态承载力极限。大幅增加的城市空间主要通过挤压生态空间得以实现,在第一次至第二次湿地调查的十多年间,同口径比较下,上海市近海与海岸湿地资源减少 545 平方千米,湖泊湿地减少 17 平方千米。生态空间是提供优质生态产品的重要载体,上海要建设令人向往的生态之城,必须加强生态空间保护和修复。

图 3-7 2007—2016 年上海市可吸入颗粒物浓度和自然保护区覆盖率

数据来源:《上海统计年鉴(2008—2017)》。

(二)城市环境质量有待充分改善

近年来,上海在生态环境治理领域采取大量措施,并取得了有目共睹的成效,大气环境质量得到不同程度改善。2017 年,上海细颗粒物(PM2.5)年均浓度为 39 微克/立方米,但未达到国家环境空气质量年均二级标准,距离世界卫生组织(WHO)制定的小于 10 微克/立方米的安全值还有不小差距。而 2017 年纽约已达到 5.1 微克/立方米,伦敦为 13.23 微克/立方米,上海的 PM2.5 年均浓度是纽约的近8倍。2017年，上海环保系统收到的大气污染投诉占受理总量的60%以上。

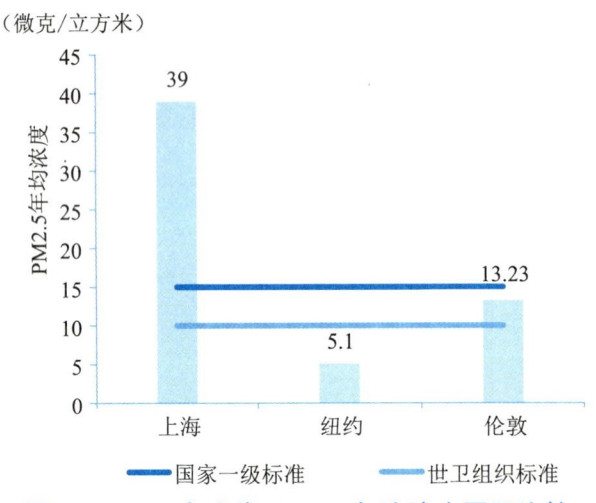

图 3-8　2017年上海PM2.5年均浓度国际比较

（三）环保基础设施建设有待加强

一是污水厂网建设没有跟上城市快速发展的增量需求。上海地表水质总体不能满足功能需求，全市259个长期监测断面氮、磷污染物普遍超标，劣Ⅴ类断面超过60%，原因之一在于污水管网等基础设施不足。上海中心城区尚存排水系统空白区和配套二级管网薄弱区，城郊接合部、郊区撤制镇和"195"区域污水管网覆盖率仅为55%左右，农村部分地区外来人口聚集对水环境造成巨大压力，污水厂尾水排放标准不高等。

二是生活垃圾分类减量设施不健全。上海在生活垃圾源头分类、健全运行机制方面还存在许多不足，垃圾处理配套设施建设还有待进一步加强。而国外许多大都市垃圾分类回收设施、标准已相对完善。伦敦早已将垃圾分为生活垃圾、可回收垃圾、建筑垃圾、废旧家具、电器、电池等。纽约将可回收垃圾分成两类：一类是纸和纸板制品；另一类是金属、玻璃和塑料制品等，电子垃圾需要送至市专门的回收地点。纽约市政府2015年提出到2030年实现垃圾零填埋。

第二节 上海发展不平衡的主要表现

领域的不平衡实际上是发展不充分问题的结构性体现，因此，上海发展不平衡主要体现在空间的不平衡，郊区在基本公共服务、交通便捷程度、基础设施等方面与中心城区差距较大。解决区域发展不平衡问题需要正视区域之间在空间形态、功能定位和管理治理等方面的客观差别，以及不同地区发展阶段和生产力水平的差异，不等于等同化、一样化、均质化发展。

一、创新发展不平衡：科技创新活动空间分布不平衡

经济发展在空间上存在一定程度的差距是客观现象，适度的差异有利于推动资源的合理配置和产业的空间转移。但从全球城市经济布局调整趋势及上海经济总量持续提升的要求来看，上海创新功能的空间不平衡问题较为显著。

（一）创新活动在近郊集中的特征明显

20世纪60年代起，以硅谷为代表的创新型区域成为大都市区

创新空间的主流方向。此类创新空间的特征表现为：选址于大都市区的郊区；临近空间具有相对隔离性的大学校区；出行主要依靠汽车通勤；区域的生活品质相对较低，就业、住房、娱乐等综合配套服务能力相对薄弱。由于"硅谷"的成功发展，这一创新空间模式长期以来一直被视为大都市区创新功能建设和空间塑造的主要模板。

而随着城市创新功能的发展与需求调整，以及中心城市要素条件的升级，大都市区的创新空间模式也发生了新的变化。美国布鲁金斯学会将此类位于中心城市的新兴创新空间形态描述为"创新城区"。"创新城区"是集聚了高端研发机构、企业集群以及创业企业、企业孵化器及促进机构的城市空间。同时，"创新城区"还具备物理空间上的紧凑性、交通的通达性、技术的网络互动性，以及居住、办公与零售功能的混合性等特征。如伦敦的硅环（Silicon Roundabout）、剑桥的肯德尔广场、波士顿的创新区、纽约的硅巷（Silicon Alley）、西雅图的南湖（South Lake Union）都是这一趋势的有力佐证。

因此，国际大都市区创新功能在空间层面新的布局趋势及发展方向表现为创新资源在成熟城市化区域及中心城区的重新集聚。如纽约的"硅巷"是大都市中心城区创业生态系统典范，发源地在纽约市曼哈顿第五大道和23街交汇的熨斗区及周边街区。

20世纪90年代以来，上海市创新格局整体表现出"东移南下"的发展趋势。早期上海市创新产出极值区基本囿聚在浦西主城区，随后上海市创新产出的空间分布格局开始呈现出分化趋势，"聚焦

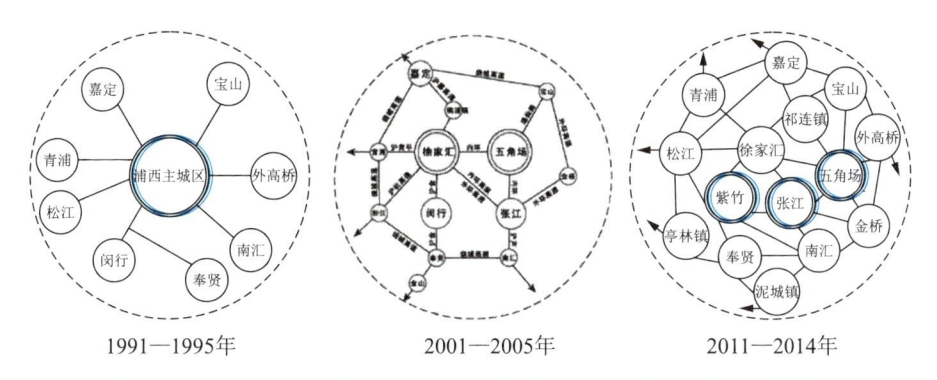

1991—1995年　　　　2001—2005年　　　　2011—2014年

图 3-9　1991—2014 年上海市创新产出空间差异的抽象演化图式

资料来源：段德忠：《上海和北京城市创新空间结构的时空演化模式》，《地理学报》2015 年第 12 期。

张江"战略的实施使得张江高科技园区成为上海市创新产出新的增长极，与金桥一同发展成为浦东新区创新产出的极值区。到 2014 年，上海市创新活动已基本从中环以内转移至中环以外，以中心城区为创新产出极值区的空间结构被彻底改变，市中心内环地区逐渐由 20 世纪 90 年代的创新高集聚区退化为创新特征不显著区域，创新产出空间关联效应显现出了市中心"空心化"现象。

进一步分析上海各区创新水平的分布情况可以看出（见图 3-10），杨浦、徐汇、浦东、闵行、嘉定在上海各区中创新水平总体较高。中心城区财政科技投入占比相对较高，徐汇、杨浦、嘉定在创新产出方面水平较高，浦东新区在创新成果转化方面水平较高，徐汇、浦东、闵行的企业创新较为活跃，开展创新活动企业占比较大。

可见，上海目前创新活动空间分布呈现出中心城区低、近郊区高的特点，这种空间上的不平衡与国际大都市区创新功能向中心城

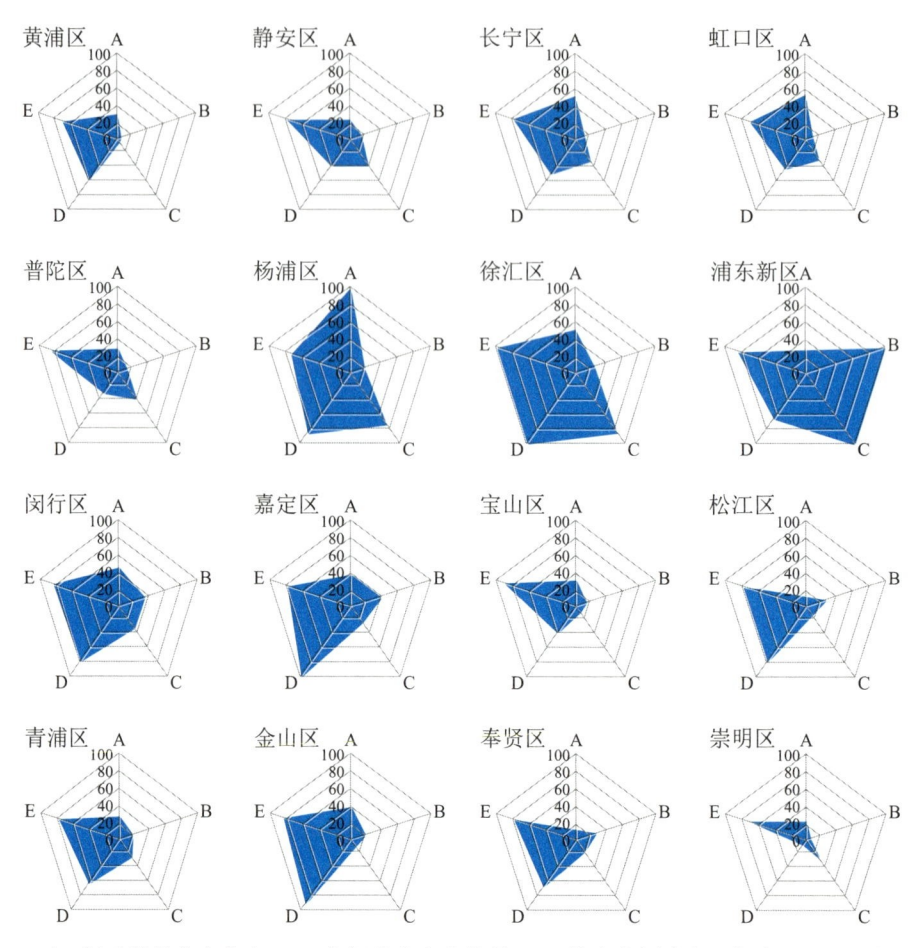

A：财政科技支出占比　B：高新技术企业数量　C：技术合同成交金额占GDP比重
D：万人拥有专利授权数量　E：开展创新活动企业占比

图 3-10　上海各区创新发展情况

区重新集聚的特征相反。国际大都市创新型企业空间区位选择向中心城区集聚，其前提是研发设计具有高价值创造能力，因而中心城区具有更大的优势来催生新一代信息技术类的创新型企业。创新型企业空间集聚新趋势塑造的中心城区复兴路径，对大都市从规模扩张转向内涵式发展具有重要意义。因此，上海需要优化创新功能的空间布局,进一步完善中心城区的创新硬环境和软环境,为创新型企业集聚创造条件。

(二) 中心城区创新环境发展不平衡

按照全球城市发展趋势,创新活动将在成熟城市化区域及中心城区重新集聚,当前上海中心城区创新环境发展不均衡,将影响创新资源在中心城区的集聚格局。

选择上海中心城区最有代表性的 25 个综合商务区作为样本,从中心城区主要商务区企业注册资本来看,陆家嘴商务区是上海中心城区巨型企业集聚中心,企业平均注册资本约 3 000 万元,是第

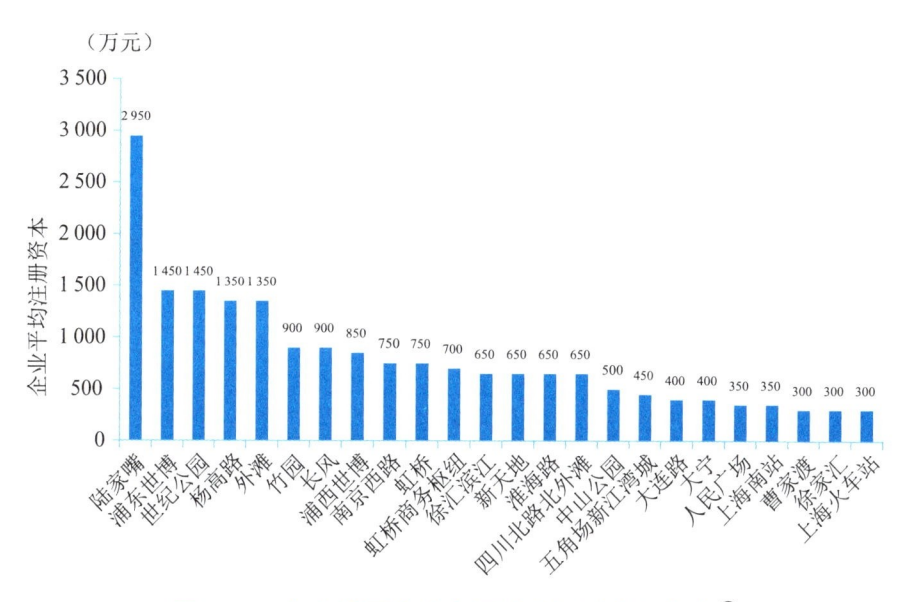

图 3-11 中心城区各商务区企业平均注册资本[①]

---

① 城市数据团:《上海的"中心",容不下科技创新?》,https://wapbaike.baidu.com/tashuo/browse/content?id=703153e25182aec87b05f7d9&fromModule=articleMoreRecommend。

二名的近两倍。浦东世博、世纪公园、杨高路、外滩等商务区是大型企业集聚区域，企业平均注册资本超过1 000万元。上海火车站、徐家汇、曹家渡等是中小型企业集聚区域，企业平均注册资本在300万元左右。

从中心城区主要商务区产业结构来看，选择与上海发展目标较为契合的四大高端服务业（金融产业、文化产业、信息和科研服务业、商务服务业），统计中心城区主要商务区的高端服务业总比例，可以看出，陆家嘴高端服务业比例达到74%，排名第一。世纪公园、杨高路、淮海路、南京西路4个商务区的高端服务业占比均在

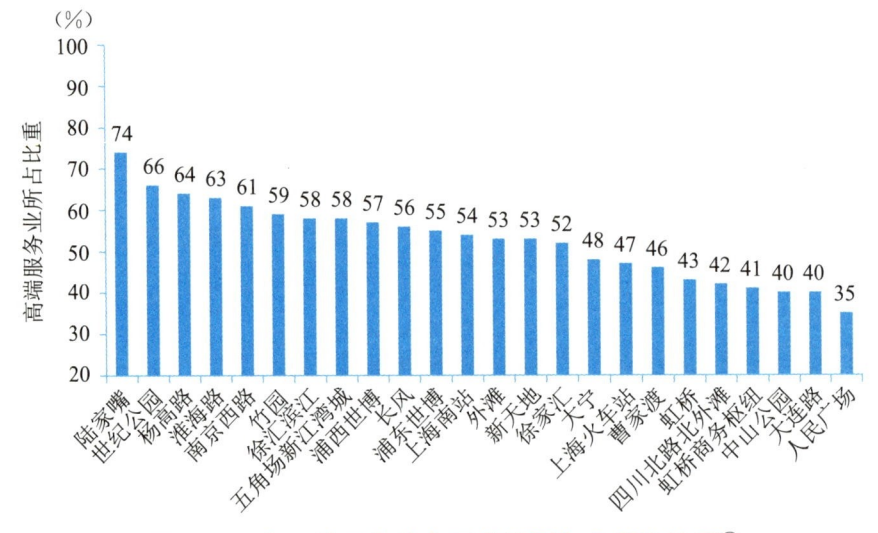

图3-12 中心城区各商务区高端服务业所占比重①

---

① 城市数据团：《上海的"中心"，容不下科技创新？》，https://wapbaike.baidu.com/tashuo/browse/content?id=703153e25182aec87b05f7d9&fromModule=articleMoreRecommend。

60%以上。人民广场、中山公园、大连路的高端服务业最少,在40%左右。

对各商务区的企业平均注册资本和高端产业占比进行交叉分析,可以将中心城区商务区分为四类:一是企业注册资本较高、高端服务业较多,这类区域进入门槛较高,最典型得就是陆家嘴;二是企业注册资本较高、高端服务业较少,这一类型商务区可能有非高端服务业型的产业(如房地产),虹桥和大虹桥都是该类型的;三是注册资本较低、高端服务业较少,这类区域进入门槛较低,但高端服务配套不完善,典型商务区是上海火车站、四川北路等;四是注册资本较低、高端服务业较多,是中小企业和创新性企业集聚的地区,尽管注册资本较低,产业却相对很高端,如五角场、徐汇滨江。[1]

(三)工业用地绩效空间不平衡

经济规模是城市竞争力的基础,这一点上海离顶尖全球城市差距还不小,上海经济总量需要迈上新台阶。目前上海建设土地已达"天花板",伦敦、纽约等全球城市工业用地占建设用地的比重在5%以下,而当前上海工业用地占建设用地比重为27%,到"十三五"末要降至17%,必须着力提高经济密度,"以亩产论英雄",提高产出绩效。

上海现状工业用地中104地块占比52%,195地块占比24%,

---

[1] 城市数据团:《上海的"中心",容不下科技创新?》,https://wapbaike.baidu.com/tashuo/browse/content?id=703153e25182aec87b05f7d9&fromModule=articleMoreRecommend。

198 地块占比 24%。①上海的工业用地绩效不仅低于伦敦、纽约等全球城市,自身内部不同区位的工业用地产出水平发展差异也较大。从地均产出看,2016 年上海市级开发区、城镇工业地块分别为 61.42 亿元/平方千米和 40.93 亿元/平方千米,国家级开发区为 117.42 亿元/平方千米。从单位土地税收看,上海市级开发区、城镇工业地块分别为 4.4 亿元/平方千米和 2.9 亿元/平方千米,国家级开发区为 27.8 亿元/平方千米。

表 3-5 2016 年上海不同类型工业用地绩效对比

	地均产出 (亿元/平方千米)	单位土地税收 (亿元/平方千米)
市级开发区	61.42	4.4
城镇工业地块	40.93	2.9
国家级开发区	117.42	27.8

上海市产业区块土地产出水平不平衡程度仍然较大,市级以下开发区用地效率与国家级开发区存在很大差距。国家级开发区品牌优势突出,基本已进入成熟发展时期,项目质量较好,产出水平较高;市级开发区和产业基地目前大多处于开发发展阶段,产出水平有待提高;部分城镇工业地块缺乏龙头企业,难以形成产业集聚群,产出水平较低,产业调整任务艰巨。上海总体上土地浪费与土地紧缺并存,需要对现存的工业用地进行二次利用和开发,以充分提高

---

① 104 区块指上海全市现有 104 个规划工业区块;195 地块指规划工业区块外、集中建设区内的现状工业用地,面积大约 195 平方千米;198 地块指规划工业区块外、集中建设区以外的现状工业用地,面积大约 198 平方千米。

经济密度，为经济总量迈上新台阶作出贡献。

二、人文发展不平衡：公共服务设施供需空间不匹配

《上海市城市总体规划（2017—2035年）》明确提出，打造15分钟社区生活圈，社区公共服务设施15分钟步行可达覆盖率将达到99%左右，也即让市民在以家为中心的15分钟步行可达范围内，享有较为完善的养老、医疗、教育、商业、交通、文体等基本公共服务设施。通过构建宜居、宜业、宜学、宜游的社区服务圈，提高居民的生活品质。

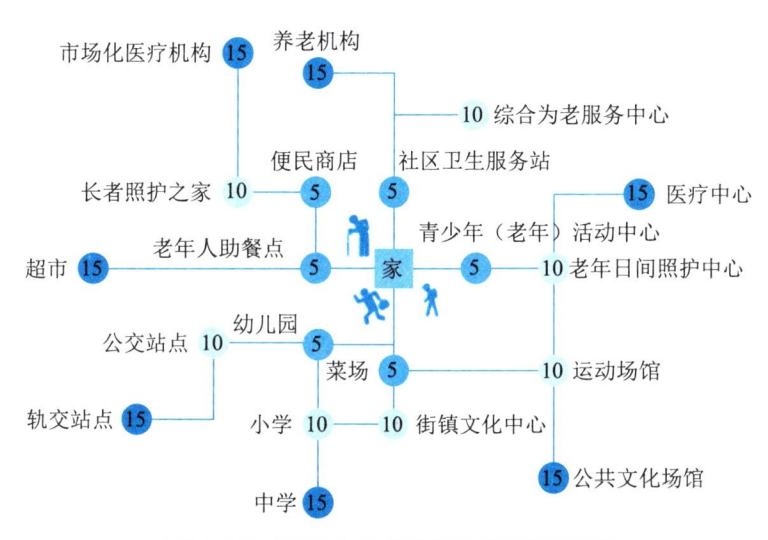

图 3-13 "15分钟社区生活圈"示意图

从公共服务设施供给来看，小区周边公共服务能力随着距市中心距离的增大而减弱。计算上海市各区15分钟生活圈内养老、卫生、交通、教育、文体、商业六大类居民最为关切的生活设施的分布

情况,中心城区平均达标项数都在 4.0 以上,各区六大类生活设施达标项最高的是静安 5.2,最低的是崇明 0.9,[①]反映了越靠近市中心的小区,公共服务设施分布水平越充分,离市中心越远的小区,周边公共服务能力普遍减弱。

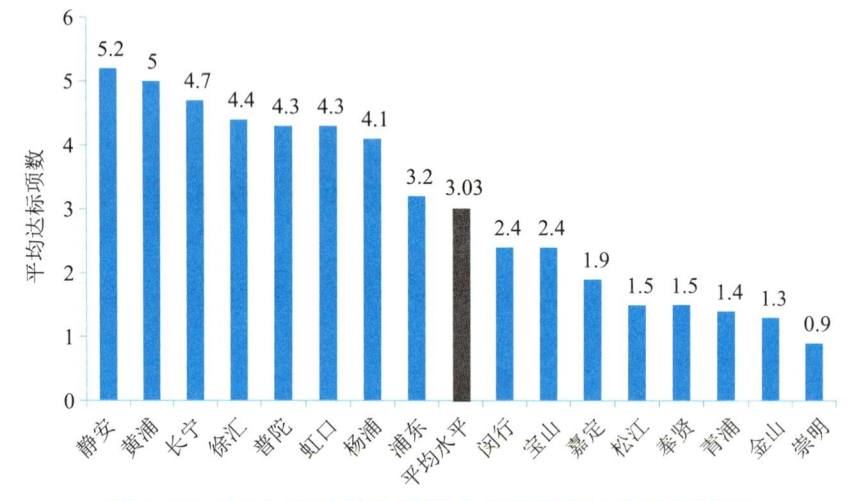

图 3-14　各区 15 分钟生活圈内公共服务设施达标情况

不同城区在单项指标表现上具有特色,黄浦、徐汇、长宁、虹口、杨浦、静安、普陀 7 个中心城区的教育、养老、商业、交通的达标率都比较高,郊区住宅小区的教育和商业达标率相对较高。已"撤二建一"的老闸北和老静安两块区域堪称上海最宜居的地区,样本小区在各个项目上的达标率都排在全市前列。

从需求层面来看,不同空间城市居民的生活需求具有趋同性。根据对上海市居民的问卷调查,郊区居民对 10 项生活需求的关注

---

① 杜晨薇:《上海中心城区之外,哪些地方宜居? 不同年龄段的人钟情怎样的小区? 来看大数据》,https://www.jfdaily.com/news/detail?id=75108。

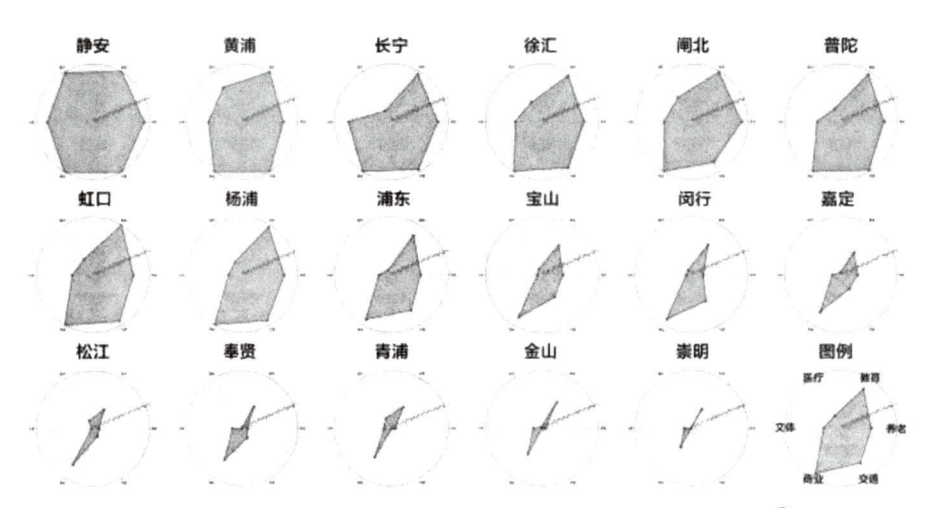

图 3-15　上海各区居住小区的公共服务设施达标情况①

度与中心城区居民不相上下,对学前教育、就业、休闲娱乐、交通等公共服务的需求还要高于中心城区(见表 3-6)。

表 3-6　中心城区和其他城区居民对各项生活需求的关注度

	学前教育	中小学教育	住房问题	就业问题	环境问题	养老保障	休闲娱乐	医疗服务	安全问题	交通出行
中心城区	24.3%	42.0%	65.0%	30.0%	59.7%	63.3%	11.4%	80.6%	35.4%	30.0%
其他城区	29.2%	40.7%	63.3%	53.5%	49.2%	51.1%	14.3%	70.0%	32.9%	33.4%

数据来源:本研究问卷调查。

从各区居民对各项生活需求的关注度分布来看,养老保障和医疗服务几乎在所有区中都排在前列(见图 3-16),各区居民的生活需求结构较为相似,而由于公共服务资源供给的空间不平衡,使得公

---

① 杜晨薇:《上海中心城区之外,哪些地方宜居? 不同年龄段的人钟情怎样的小区? 来看大数据》,https://www.jfdaily.com/news/detail?id=75108。

共服务设施供需空间分布不匹配,加剧了城市宜居水平的空间不平衡问题。因此,加大郊区公共服务供给,有助于解决城市宜居水平发展不充分问题。

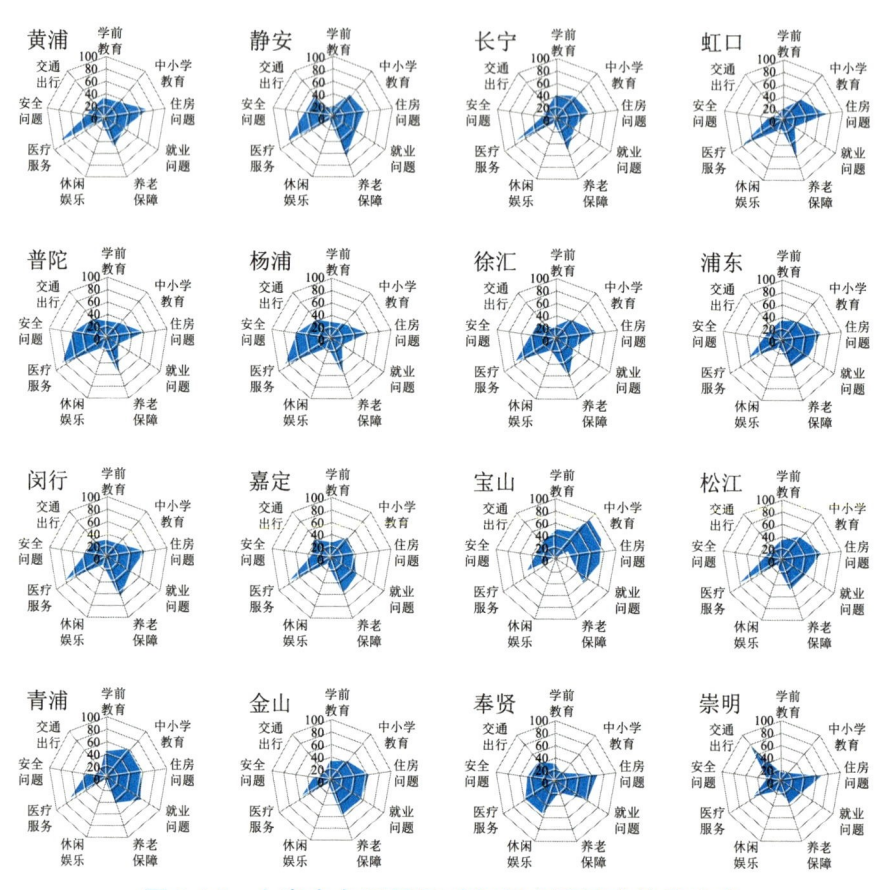

图 3-16　上海市各区居民对各项生活需求的关注度

数据来源:本研究问卷调查。

三、生态发展不平衡:城郊接合部生态环保压力较大

从图 3-17 来看,远郊区在上海所有城区中生态环境发展水平

最高,中心城区由于人口密度大、土地资源紧张,在生态空间建设和环境满意度方面得分较低。近郊区在生态空间建设和环境满意度方面介于中心城区和远郊区之间,但降尘等污染物产生量较大,黑臭河道也主要分布在近郊区,从改善城市环境质量的视角来看,由

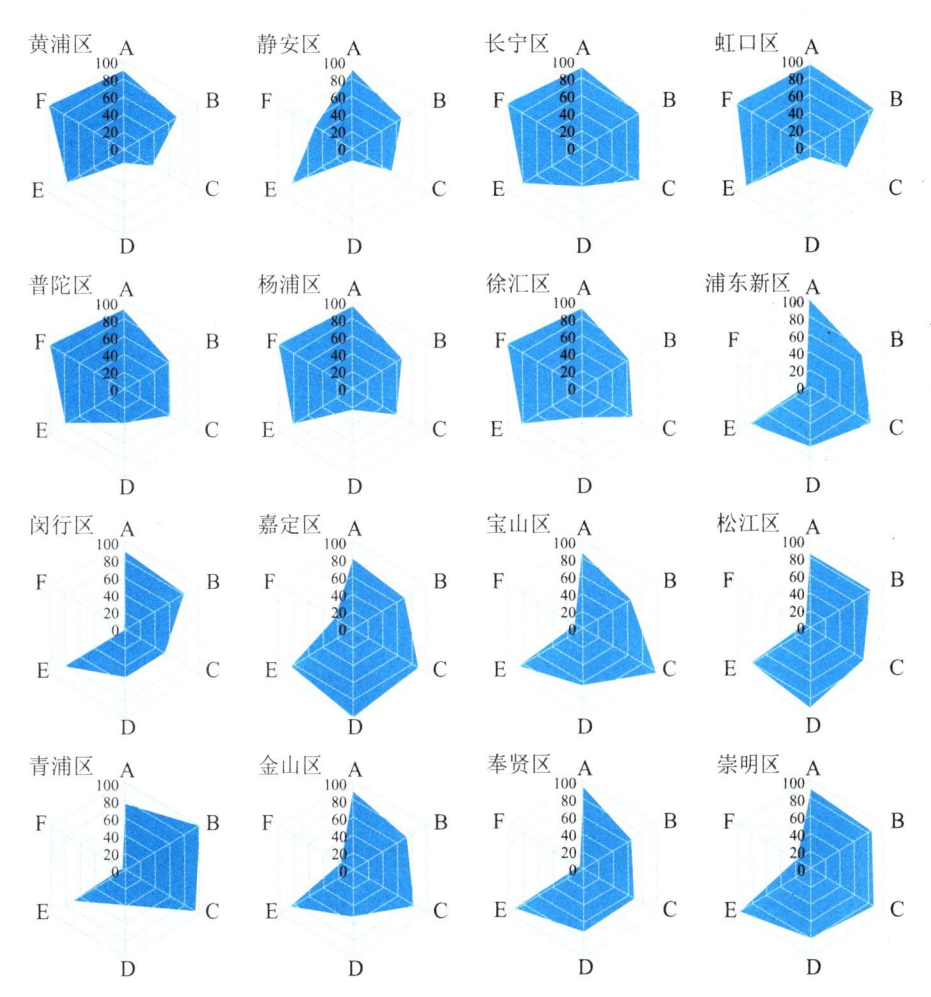

A：PM2.5平均浓度　B：区域降尘量　C：建成区绿化覆盖率
D：人均公共绿地面积　E：公众满意度　F：黑臭河道分布

图3-17　上海市各区生态环境发展情况

于人口和产业向近郊区转移、外来人口聚集、环境基础设施不足等，导致城郊接合部环境压力进一步增大。

(一)近郊区是大气降尘的主要分布区

2017年，上海PM2.5浓度则呈西高东低的分布特征，反映了受周边区域影响较大，且各区间的差异较小。但从各区大气降尘量来看，2017年，上海各区降尘量在空间上表现出近郊区(53.9吨/平方千米)＞中心城区(51.8吨/平方千米)＞远郊区(45.7吨/平方千米)，而且近郊区面积占比较大，使得降尘总量同样高于其他城区，反映了空气质量的空间不平衡，近郊区及中心城区内的高架路、机动车排放、建筑工地施工等都是区域降尘的贡献"大户"。

(二)近郊接合部是黑臭河道主要分布区

随着经济发展，大量外来人口导入并集聚在近郊结合部和工厂企业周边地区，导致更多的垃圾、污水直接倾倒入河道。郊区人口密度远低于中心城区，难以通过远距离收集建设大规模的集中污水处理厂，只能分散治理污水，而郊区地区往往经济条件差、技术和管理水平低，传统污水处理工艺不适用，且污水处置设施不健全，使得近郊接合部和郊区河道水质常年劣于Ⅴ类。

目前，上海全市名录内黑臭河道为471条段，总长度631千米，主要集中在近郊接合部和郊区。根据公布的上海市471条段要实施综合整治的黑臭河道155个项目，整治项目最多的是闵行区，共有48个。其次为青浦区和浦东新区，分别有25个和22个。整治项目较少的区是徐汇、长宁和普陀，均只有1个。黄浦、杨浦和虹口无黑臭河道整治。闵行、浦东、宝山、嘉定4个区黑臭河道整治项目占全市项目总数的54%,严重影响了上海城市生态品质的提升。

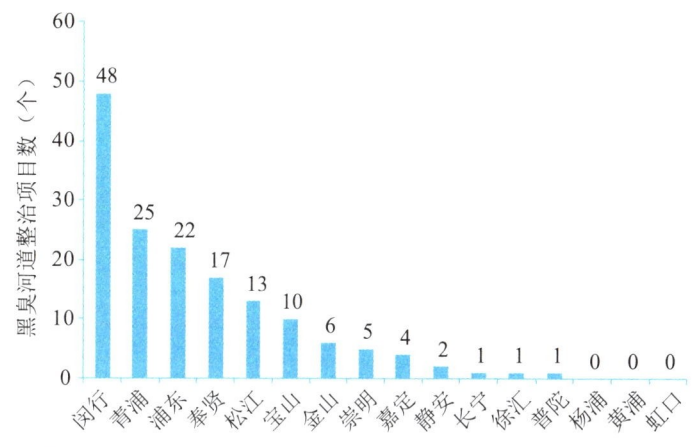

图 3-18　上海市黑臭河道整治项目数在各区分布情况

数据来源:《上海市水务局关于明确城乡中小河道综合整治有关项目的通知》。

(三) 生态空间供需分布不平衡

上海市各城区生态空间在数量规模上有较大差距,就城市绿地面积而言,上海市郊区绿地面积要远远大于中心城区,表现为中心城区生态空间总量不足,规模较小,并未与人口分布和经济活动形成合理配比。大型的森林公园、郊野公园、湿地公园、生态廊道和防护带等主要集中在崇明和青浦、松江、金山、奉贤、浦东新区等区块,中心城区主要分布口袋公园、城市公园、广场绿地、绿道等生态空间,总体上中心城区生态空间的数量规模较低。城市生态空间很大程度上局限于按道路、河流或建筑物的周际规划绿地,而未能按人口稠密程度、环境质量等来规划绿地整体布局,这种分布格局难以充分满足城市居民日益增长的生态休闲需求。

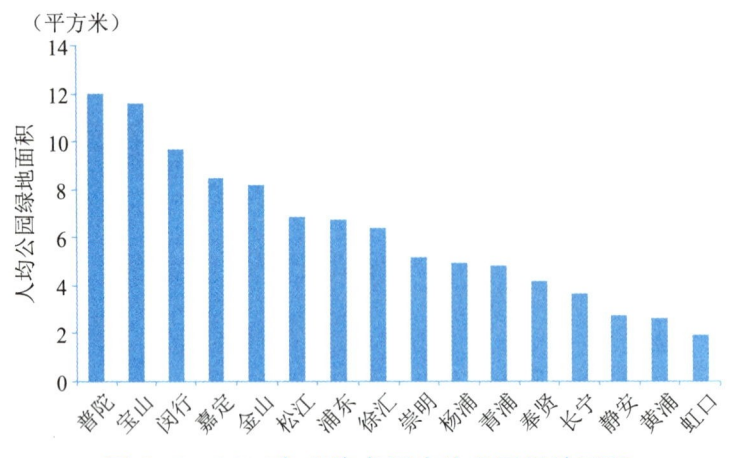

图 3-19　2016 年上海各区人均公园绿地面积

数据来源:《上海统计年鉴(2017)》。

上海各城区生态空间供给需求的分布不均衡,可以通过人均公园绿地面积及公园平均游客人次的空间不匹配得以体现。由于中心城区土地资源有限,中心城区可供开发为公园绿地等开放式生态空间的土地量少,上海的公园绿地主要集中在郊区。2016 年,中心城区人均公园绿地面积仅 3.9 平方米,远低于上海市的平均水平(7.83 平方米)。但中心城区由于人口密集,居民对公园绿地的休闲游憩需求旺盛,2016 年,中心城区单个公园平均游玩人次达到 180 万人次,其他区单个公园平均游玩人次仅为 40 万人次,城市生态空间分布与人口的空间分布不匹配,中心城区和郊区生态空间供需不平衡,总体上中心城区生态空间的使用负荷大大高于郊区。郊区由于人口密度低,加上生态空间的交通可达性还需要进一步完善,使得资源利用效率相对较低,其生态服务功能还没有得到最大程度的发挥,这为提升城市居民生态需求整体满足水平带来挑战。

图 3-20 2016年上海各区公园平均游客人次比较

数据来源:《上海统计年鉴(2017)》。

第三节 解决发展不平衡不充分问题的难点和瓶颈

不平衡不充分问题是影响上海城市可持续发展的瓶颈,而解决不平衡不充分问题同样面临各种难点和瓶颈。解决不平衡问题和不充分问题所面临的难点有所差异,但两者经常互相交叉影响,界限并不明显。

一、区域竞合格局日趋复杂

上海解决国际影响力方面的不充分问题,主要通过提升外向辐射功能和内向集聚功能。上海具有重要的外源型发展的门户城市属性,这是上海国际影响力的重要组成部分。当前外部条件的变化使得上海提升国际影响力面临新的挑战。

一是长三角地区城市发展对外资的依赖度下降。上海发展总部经济最大的优势在于贴近市场,尤其是临近长三角市场。跨国公司通过 FDI 的形式,在长三角地区广泛进行生产布点,需要在中心城市上海设立地区总部从而实现规模经济、降低交易成本。但近年来长三角地区经济发展对外资的依赖度降低,江浙沪 FDI 总量呈下降趋势,使得上海在吸引跨国公司地区总部方面贴近市场的优势有一定程度减弱。2005—2016 年,长三角城市群 26 个城市的外资投入占 GDP 比重的年均增长率下降了 3.9 个百分点。2012—2017 年,江苏实际利用外资下降了 29.8%,苏州实际利用外资下降了 35.5%。根据有关外资规划,苏州在"十三五"期间累计使用外资总量定为 250 亿美元左右,比"十二五"期间减少了约 170 亿美元,降幅达 40%。长三角地区总体处于以制造业为主的引资结构转向以服务业为主的引资结构,但制造业引资下降的同时服务业引资还没有跟上,导致总量的下降。长三角地区外资企业的中国总部一般设

图 3-21 2008—2017 年江浙沪三地实际利用外商直接投资额变化情况

数据来源:三省一市统计年鉴。

在上海，区域对外资依赖度下降一定程度上会影响上海的总部经济。

二是国内其他城市对外资的竞争激烈。伴随着中国的崛起，中国在全球经济体系中由附属地位变成重要的一极。外资将由占领中国市场为主，转变为分享中国企业增长红利为主；中国将由接受直接投资企业为主，转变为接受资本市场投资的间接投资为主。北京作为首都，对外资的吸引力和影响力逐渐增强，2017年，境外世界500强企业在北京设立外资公司及分支机构的达到70%，服务业企业总部占比超过90%；在北京地区总部中，投资性公司占比达到68%，商业服务业高精尖企业占比达到90%。2017年，北京全年实际利用外资增长86.7%，规模跃居全国第一，近5年来引进外资规模占到改革开放以来总量的四成。此外，总部集聚地一般是信息最集中、最丰富的地方。信息不对称性对于金融等高端服务业的发展至关重要，而不对称信息只有接近信息源才有可能获得，总部集聚提升了北京作为全球资本枢纽和控制中心的地位。

三是来自亚太地区城市的竞争。在新加坡、香港、上海、悉尼、东京和北京6个主要亚太城市中，新加坡凭着长期建立的有利于企业的经商和监管环境，成为跨国公司设立地区总部最具吸引力的城市，共有4 200家企业区域总部。截至2017年年底，上海的跨国公司地区总部数量为625家。上海吸引跨国公司地区总部的最大优势是贴近市场优势，而新加坡的最大优势则是低税率的简单税制和高度的贸易便利化。上海如何扬长避短，与亚太地区门户城市进行差异化竞争，是解决国际影响力发展不充分中一大挑战。

二、相关政策标准尚需完善

在国外,一些国家开始对商业模式创新通过授予专利等方式给予积极的鼓励与保护。目前,美、日、欧三个世界上最主要的专利实体都已逐步承认了商业方法的专利性,美国将商业模式专利归入商业方法(business method)专利类(Class 705),世界知识产权组织(WIPO)也颁布了分类号为G06Q"特别适用于管理、商业、金融、监管或预测用途的数据处理设备或方法"的国际专利分类。上海市各区企业创新活动中组织创新占比均相对较高,特别在中心城区,开展组织创新活动的企业占比高于产品创新、工艺创新等创新活动(见图3-22)。但与国外这一领域所取得的进展相比,上海对商业模式创新等创新活动的评价体系尚不完善,目前对创新的支持方式倾

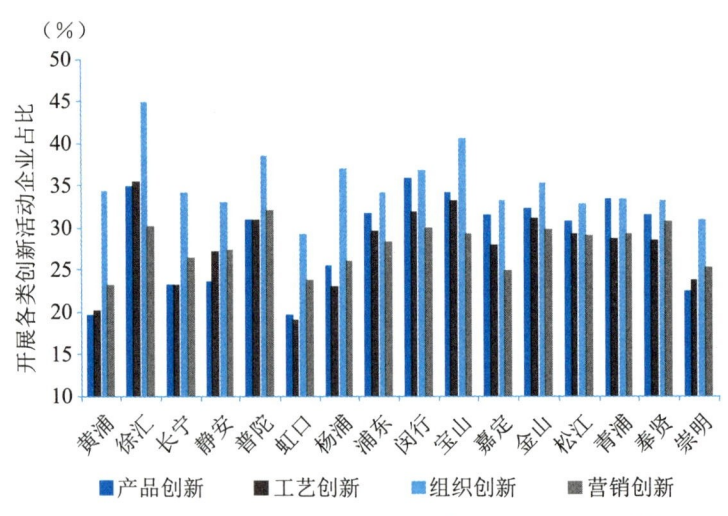

图3-22 2014年上海各区企业各类创新活动占比情况

数据来源:《上海统计年鉴(2015)》。

向于项目化的支持,企业的服务创新和商业模式创新活动难以得到定量和清晰的描述。由于中心城区企业商务服务活动的特有属性,使得其科技创新活动界定标准模糊。虽然2017版《专利审查指南》关于商业方法内容有所改动,但针对既包含商业规则,又包含技术特征的申请,其审查只针对技术方案部分,而并不会考量商业规则中的创造属性。

高新技术企业认证政策方面也存在需要完善的地方。如"对企业主要产品(服务)发挥核心支持作用的技术属于《国家重点支持的高新技术领域》规定的范围",事实上,《国家重点支持的高新技术领域》的制定也未必能与城市创新保持同步,一些需要鼓励的领域不一定能及时更新。此外,对于高科技人员的税收优惠措施不多,我国现行的税收政策中,对高科技人才的收入并没有真正的个人所得税优惠,按照现行的税收和监管制度,被激励人员获得股权时需要交纳所得税,同时国企实施股权奖励被视为国有资产流失。

企业排污管理标准同样需要加以完善,如当前企业污水排放在线监测主要是监视和测定水体中各类污染物的浓度及变化趋势,再根据国家和上海市相关标准判定企业是否达标排放。单靠控制浓度达标,无法有效遏制环境污染,必须对污染物排放总量进行监测和控制,相应的技术、标准都需要相应调整。

三、自主创新体系有待完善

国企、民企、外企是上海的创新主体,但都存在一定程度的创新瓶颈。国企的考核、任命、任期制度,决定其对创新缺少持续动力,国有经济没能完全体现出创新主力军作用。外企主要是基于中国市场产品营销的外围创新,虽有一定的技术溢出效应,但不会触及核心技术环节。民营企业多数集中于商贸、地产等第三产业,科技创新优势不明显。在自主创新方面总体表现出"国企大而不强、外企强而不为、民企做而不大"的现象。

2008年,外资占高技术产业领域产值的比重高达93.4%,此后虽然该比重逐年下降,2016年上海高技术产业中外资企业工业产值占比仍高达84%,有全球影响力的高科技、高成长的上海本土企业非常稀缺,外资对上海高技术产业的控制情况超过对上海工业总体的控制情况。高技术产业被外资控制,上海提供市场和资源、政策支持,外资提供管理模式与核心技术,外资企业将核心技术、关键技术的研发仍留在母国,从而削弱了上海在这些领域的自主创新和自主发展能力。

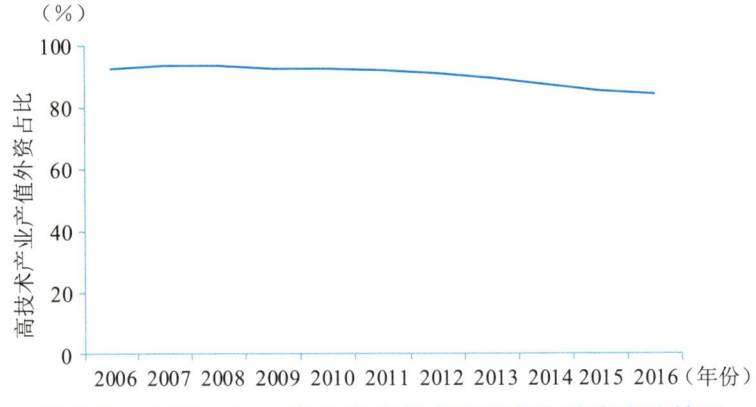

图 3-23 2006—2016 年上海高技术产业产值外资占比情况

数据来源:《上海统计年鉴(2007—2017)》。

截至2017年年底,上海外资研发中心已经累计达到426家,外资研发中心数量占国内总数的1/4,吸收中方研发人员总数超过4万人,占上海全市研发人员总数的16%。《上海市战略性新兴产业发展"十二五"规划》曾指出,外资研发中心与自主创新体系的关联度不高。跨国公司更多的是利用上海本土的创新资源,其技术保密规律和技术扩散壁垒使得创新成果的本土产业化以及通过技术扩散促进上海产业升级的力度较低。如何提升外资研发中心与上海自主创新体系的关联度,是解决不平衡不充分问题需要突破的难点。

四、资源环境面临多方压力

从人口总量的集聚来看,人口的大量集聚,将带来人均公共服务设施不足、污染防治难度加大等一系列问题。上海的公共文化设施总量与纽约、伦敦等全球城市的差距较小,但由于城市人口规模庞大,人均水平较低。人口集聚给城市生态环境同样带来巨大压力,水环境是上海最突出的短板弱项,经过多年治理,上海工业污水减排取得显著成效,但城镇生活污水在人口增长的压力下减排难度不断加大。生活源COD排放量占COD总量的比重由2000年的78.3%增加至2016年的90.2%,生活源废水排放量占废水排放总量的比重由2000年的62.6%增加至2016年的83.4%。未来,随着留学人员的回国潮,国际高端人才的引入,全面放开生育政策,上海人口还会增长,人均公共服务资源需求量会增加,居民生活污染物排放量也会增加,城镇生活污水处理将成为生态之城建设的重点任务。

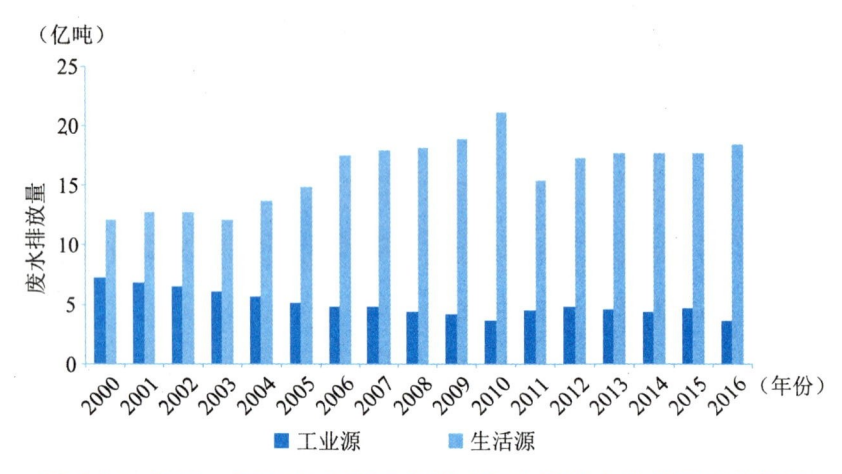

图 3-24　2000—2016 年上海工业污水和生活污水排放量变化情况

从人口在城市不同空间集聚来看,根据上海市"五普"到"六普"各个街镇的人口数量变化情况,在全市人口高速增长了近30%的巨大压力下(从2000年的1 800余万增长到2010年的2 300余万),在城市近郊区及新城人口大部分都有可大幅增长的情况下,而市中心(除了浦东以外的内环线以内区域)的人口数量都出现了不同幅度的下降。城市人口由中心城区向郊区迁移,但公共服务配套设施没有跟上。高端就业岗位仍主要集聚在市中心,中心城区人口向外疏解,但被疏解的群体依然需要每天通勤至市中心工作,增加了居民的出行距离和城市拥堵程度。郊区大居的"镇管社区"模式,由于镇域财力有限,存在"小马拉大车""贫马拉重车"等问题。因此,需要思考如何根据城市人口的时间和空间变化趋势,解决公共服务设施、环境治理领域的不平衡不充分问题。

城市向郊区迁移的人口以中青年为主,使得中心城区60岁以上老年人口占户籍人口的比重均超过30%,其中黄浦区更是高达61%。中心城区60岁以上老人的绝对数量总体也高于其他区。城市人口年龄结构的空间分布变化,对公共服务设施的空间分布提出

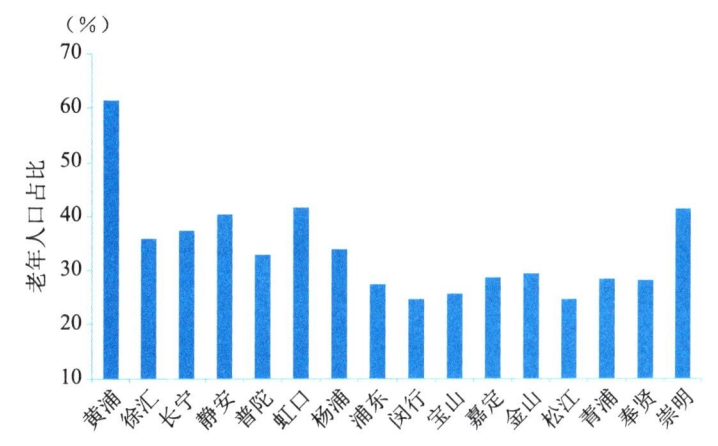

图 3-25　2016年上海各区户籍人口老年人口占比分布情况

数据来源:《上海统计年鉴(2017)》。

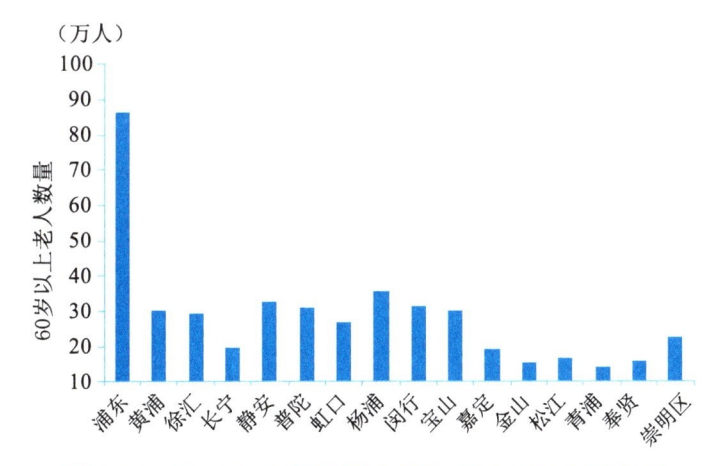

图 3-26　2016年上海各区户籍人口中老年人口数量

数据来源:《上海统计年鉴(2017)》。

相应要求,如中心城区是上海开展养老工作的重要区域,需要城市在实现公共服务的平衡发展过程中兼顾不同城区公共服务需求结构的不均衡。

五、效率优先如何兼顾均衡

改革开放之初,为了将有限的资源投入最急需发展的领域,"先富"政策内在地蕴含了区域、城乡、行业、群体的发展不平衡。为了促进生产力快速发展,鼓励一部分行业、一些地区先发展起来。"先富"政策的本质就是效率优先,一定程度上加速了社会资源分配的分化,加剧经济社会不同领域间的不平衡、城乡不平衡、地区发展失衡等。在国家"效率优先"的大背景下,上海的发展也是集中有限资源优先发展重点区域和重点行业,在局部条件优化的区域大力发展先进生产力,如"聚焦张江"战略,以点带面推动城市整体发展。

当前,上海已经迈入全球城市行列,但对标顶级全球城市还有不少差距,今后一段时间内,做大经济总量、做大经济规模、提高经济密度将成为上海提升城市能级和核心竞争力的主要抓手。如何让有限的资源发挥最大效益、以最少的要素投入获得最大的产出,是上海实现高质量发展需要考虑的问题。在此背景下,上海经济社会发展中仍会保持效率优先的方针和发展惯性,特别是资源配置以效率优先为原则显得十分必要。上海在优化营商环境方面将围绕效率优先、创新优先等进行积极探索,打造上海营商环境不可替代的新亮点、新标识,真正使特色更特、亮点更亮。如此一来,资源可能继续向部分效率高的区域、行业倾斜,在以点带面的过程中,可能出现"点"与"面"的不平衡问题,非均衡的资源配置格局一时难以得到根本转变。因此,解决不平衡不充分问题面临着克服效率优先的路径惯性带来的挑战。

六、郊区发展需进一步赋能

上海的郊区在行政级别上与其他省份的地级市相同,但在管理范围、管理权限、统筹协调能力等方面与周边城市相比不具有特别明显的优势。资源配置、审批权限由市级层面主导,郊区缺乏应有的主导权和自主性,明显降低了郊区建设的效率。除临港新城是市区联手开发以外,其他新城均是以区县为主进行建设,除临港新城的建设用地指标实行单列以外,其余新城建设用地的指标都要区内平衡。①总体上市级层面负责中心城区建设,郊区负责郊区建设,郊区新城建设的资金基本仅靠一个区的财力承担,基础设施建设的资金压力大。

由于中心城区权限相对较大,郊区权限相对较小,使得近年来虽然上海强调发展郊区,但发展起来的地方大部分是距离中心城区较近的浦东、闵行、宝山等近郊地区,这些地区是近年来上海城市建设的主要载体,并随着发展成熟逐步并入上海主城区范围。上海的城市连绵建成区集中在主城区和郊区新城,近 20 年来,上海主城区在扩大过程中不断覆盖近郊地区,在空间上从外环内扩大为中心城区(外环内)+四大主城片区(虹桥、宝山、川沙、闵行),主

---

① 邓智团:《完善体制机制,加快上海新城建设》,https://www.163.com/money/article/9P9UGDEQ00253B0H.html。

城区越来越强大,对应的则是郊区新城发展速度慢于预期。由于中心城区与郊区的发展环境不平衡,使得郊区产业支撑能力不强、公共配套服务设施不全,经济社会各领域的空间不平衡问题的解决面临挑战。

第四章 全球城市解决发展不平衡不充分问题的经验

21世纪是城市世纪,城市发展成为决定世界的主要力量,全球城市将塑造整个世界格局。纽约、伦敦、东京等城市跨国公司总部、高级商务服务部门、国际性机构高度集聚,是全球城市网络体系中重要的经济节点、金融节点、贸易节点、国际交往节点、组织结点,在处理全球政治、经济、社会、人文事务中具有核心地位。[1]全球城市在发展历程中,同样在公共服务、城乡差距、生态和创新等方面存在不平衡不充分问题,在制度、文化、发展水平的影响下,各个城市解决不平衡不充分问题的措施和模式多种多样,给上海解决不平衡不充分问题提供了相关启示。

---

[1] 参见周冯琦、程进、嵇欣:《全球城市环境战略转型比较研究》,上海社会科学院出版社2016年版。

第一节　伦敦经验

工业革命以来,伦敦城市发展发生了巨大变化,由最初不足几十平方千米的地域面积、不足几万人口规模的村镇庄,发展成为小城市、大城市,成长为著名的全球城市。伦敦城市发展过程中也产生过严重的环境污染以及工业、人口过度聚集等问题。为进一步解决发展不平衡不充分问题,2000年大伦敦管理局(GLA：Greater London Authority)成立之后,便开始制定不同时期的规划草案。这些规划的内容包括了空气质量、生物多样性、文化、经济发展、废弃物处理、交通、环境噪声以及空间发展战略。伦敦在解决发展不平衡不充分问题方面的经验,对上海等大都市地区的发展和战略政策的制定有较强的借鉴作用。

一、通过功能分散解决空间不平衡问题

由于19世纪伦敦的快速工业化和城市化产生了住宅、交通、环境的区域不平衡问题,城乡矛盾突出,伦敦不得不用行政手段控制市区新建工业、围绕市区建绿带、外圈扩建城市,形成围绕中心城区的"环状路网＋绿带＋卫星城"典型模式。

在城市化作用、行政手段等因素的综合作用下,伦敦空间发展不平衡问题得到极大改善。第一,政策和制度引导城市功能分区。伦敦制定了积极的行政战略规划,通过制定一系列政策和规章制度

来引导和促进现代城市空间结构的发展，对伦敦现在的城市空间结构形成起到积极的促进作用。伦敦用行政手段控制市区新建工业、围绕市区建绿带、外圈扩建城市，形成围绕中心城区的"环状路网＋绿带＋卫星城"典型模式。城市中心主要承担高级商业服务，国际化、信息化程度较高；内城区和郊外的新兴商务区则主要面向国内或当地制造业，同时接受来自城市中心区的高等级产业辐射，如后台数据处理中心等，彼此之间密切协作。第二，建立卫星城引导人口郊区化发展。20世纪70年代末，伦敦在城市以北和西北地区兴建了彼得伯勒、米尔顿凯恩斯、北安普顿3座城镇（距伦敦市中心的距离80—133千米不等）。卫星城的兴建，多数是先由政府出资建造一批厂房、商店、学校、住宅和公园等基础设施，吸引城市的企业和居民自愿迁来。新城镇的企业税比较低，政府还给予一定的补贴，居民的生活成本也比较低，为人口和工业的外迁提供了有利条件。1961年，伦敦人口密度最大的区位于中心地区，人口密度超过1万人/平方千米。1991年伦敦中心城区人口密度相对于1961年已有大幅下降。第三，设定"鼓励地区"限定疏解方向。伦敦在疏解首都职能方面采取对投资安排实行监督，以确保迁出一定数量的岗位，并且确定了迁出企业一定的去向比。1974—1982年迁出的3.1万个劳动岗位中有90％限定迁往"鼓励地区"。英国政府带头将政府部门机构向卫星城转移，英国大企业总部落户"鼓励地区"也渐成趋势，如泰晤士水公司总部在斯文登小城，劳斯莱斯总部在德比小城。这样就引起了大伦敦空间结构的变化，由原来单一的中心城市形式分散成为以中心城市为核心的多点结构。

1961年伦敦人口密度　　　　　　1991年伦敦人口密度

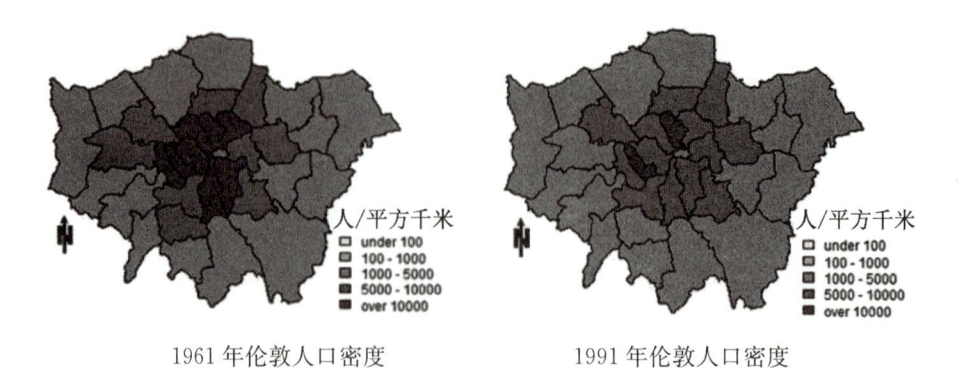

图 4-1　1961 年和 1991 年伦敦人口密度空间分布对比

资料来源：http：//spatialanalysis.co.uk/2011/02/mapping-londons-population-change-2011-2030/。

二、以科技城建设解决创新不充分问题

伦敦通过规划建设科技城提升科技创新能力。伦敦科技城地处伦敦市中心地段，约 5 平方英里，聚集了网络科技、营销广告、时尚娱乐、数字内容、电信等创业企业，人口密度高，极富创业创新活力。在英国政府对科技产业的大力扶持下，创新功能向伦敦中心城区集聚，迅速崛起成为英国的"硅谷"，伦敦科技城已经成功吸引包括思科、英特尔、亚马逊、Twitter、高通、Facebook、谷歌等大型公司在内的 2 000 多家企业进驻，汇集着世界顶级的科教文卫机构，巴克莱银行等金融机构也再次开展针对创业企业的特殊融资服务。

科技城工作重心在项目和政策两个方面，一方面，启动与科创企业相关的项目方案，如 Future Fifty（旨在从政策、平台、资金等方面支持入选英国 B 轮以上发展最快 50 家科创企业的项目），Digital Business Academy（与高校联合为毕业生提供免费在线的创业培训

课程的项目)以及 Tech Nation(英国科技产业研究项目)等;另一方面,在政策层面推动研发税务优惠(R&D Tax Credit)等的实现。

伦敦科技城之所以能蓬勃发展,与伦敦雄厚的教育科学研究实力和开放、自由的外部发展环境分不开。企业倚重的正是伦敦公平与透明的法律体系、恰当的监管体制、遍及全球的客户基础、高效的支持性服务、深层级的本地人才库和对国外人才的强大吸引力、活跃的创新文化等要素。在纽约都会区和旧金山—硅谷区域等全球顶级的创新区域的横向比较中,伦敦没有显著的差距。伦敦成长为全球顶级的科技城市,其中心城区科技创新创业企业的集聚有重要的作用。自2010年英国前首相大卫·卡梅伦和伦敦前市长鲍里斯·约翰逊共同宣布了"科技城"这一项目以来,伦敦的科技产业实现了46%的增长,雇员人数也上涨了17%。2012年以来,约有4.5万家科技创意企业成立;目前,在City和City Fringe每平方千米范围内汇聚着3 200家科技企业。

伦敦科技城也存在一些不足,至今未有一家本土领军科技企业诞生,大多数伦敦科技城的初创企业不像"硅谷"那样是技术和产品的创新,而更多的服务模式的创新,如外卖网络平台JustEat、搜房网站Zoopla等,这些企业并没有产生一个新的技术,而只是基于现有技术的货物和服务的一种新的方式。

三、分级管理解决公共服务不平衡问题

针对医疗等公共服务的不平衡不充分问题,伦敦等全球城市大力推行"分级诊疗",完善分级诊疗相关的各项制度、明确各类机构

角色分工和加强各层级机构间衔接,三个层级的诊疗体系构成NHS(National Health Service)分级诊疗制。① 一级诊疗由全科医生(General Practitioner,GP)和家庭诊所提供,英国法律规定公民或持6个月以上的签证外国公民必须注册家庭医生,并与之签约,非紧急情况,社区居民生病后必须首先去看全科医生,由全科医生决定后续治疗方案。主要针对常见病、吸毒酗酒、轻微病症人群,据统计,有90%的病人在初级诊疗阶段就可以被治愈,NHS资金的75%也被用于这部分。二级诊疗服务由地区性综合医院提供,医院的规模根据地区人口密度来确定,主要针对初级诊疗难以治愈的10%的重、急症患者,提供专业的医护和手术服务。医院的医生会根据GP的转诊单了解患者病情,在患者出院时再与GP进行对接,这个过程也被称为"双向转诊"。综合医院是NHS医院提供服务的基础,每所地区综合医院为15万—20万居民提供医疗服务,其年服务量在1万—10万人次不等。三级诊疗的服务由专科医院和教学医院提供,这个层级的医院接收二级机构转诊来的病患,主要解决专科领域的疑难医疗问题,比如癌症。三级医疗机构在承担罕见疾病治疗的同时还担任临床科研和医学生教育的功能。②

随着人口的增加和居民对健康质量要求的提高,伦敦的分级医疗当前显现出两大瓶颈:一是资金不足,二是效率低下,这将成为下一步亟待解决的问题。

---

① 郑蕾:《英国分级诊疗对我国的启示》,《中国卫生质量管理》2017年第3期。
② 《英国人玩转的分级诊疗,我们就只能看看?》,https://www.sohu.com/a/224931675_115035。

四、智慧技术破解城市环境不充分问题

"智慧地球"就是利用新一代信息技术,改变政府、企业和人们相互交互的方式,以提高交互的明确性、效率、灵活性和响应速度,通过更智慧的方式实现信息基础架构与基础设施的完美结合。伦敦智慧化的城市环境战略正是在这样的背景下产生的,通过利用智慧技术的创造力来服务伦敦环境保护,充分利用物联网、传感网、云计算、卫星遥感、地理信息系统、虚拟现实等新一代信息技术,把感应器和装备嵌入各种环境监控对象中,通过超级计算机和云计算将环保领域中应用的物联网整合起来,实现经济社会与环境业务系统的整合,以更加精细和动态的方式实现"智慧化"环境管理和决策。[1]

"智慧化"的主要应用方向包括环境质量与污染源监测、危险废弃物移动管理、环境应急管理和区域环境监控管理等,为城市环境管理、污染物控制、环境规划、环境评价提供科学依据。首先,推进"智慧化"环境保护标准的制定,建立与环境信息化标准相一致的"智慧环保"技术标准体系。在已有的环境监测标准体系中纳入传感器监测的标准。制定一系列的配套政策法规体系,为推动环境战略"智慧化"发展提供政策和法律保障。其次,以智慧环保基础设施建设为重点,加快光纤网络、无线网络建设、建设云计算中心、智能电网、智慧管线等智慧基础设施作为智慧城市的重点建设项目。紧

---

[1] 参见周冯琦、程进、嵇欣:《全球城市环境战略转型比较研究》,上海社会科学院出版社2016年版。

紧围绕城市环境保护核心业务的发展需求,推进环境保护联网技术、物联网产业和物联网应用的发展。

第二节 纽约经验

与其他全球城市相比,纽约经历了移民潮、工业化、城市化、郊区化等发展阶段,并面临随之而来的城市问题。在不同时期,面对不同的压力,纽约的市政和规划对策既现实也不乏创新之举,纽约的规划发展在很大程度上反映了美国规划的特点和制度变迁。[1]纽约在解决发展不平衡不充分问题方面的经验,对上海等大都市地区的发展和战略政策的制定同样具有较强的借鉴作用。

一、区域规划引领解决空间不平衡问题

中心集聚为主的城市化使中心城市与郊区政府矛盾十分普遍,而走向一体化的全球经济迫切需要诸多功能性的城市网络去支配其空间经济运行和增长,美国首先产生了基于区域利益协调的大都市区管制模式。这一模式是社会各种力量之间的权利平衡,通过多种集团的对话、协调、合作以达到最大程度动员资源的统治方式,以补充市场经济和政府调控的不足。

为解决城市发展中的问题并走向可持续发展,1929—1996年,

---

[1] 参见洪文迁:《纽约大都市规划百年:新城市化时期的探索与创新》,厦门大学出版社2010年版。

纽约大都市区经历了以"再中心化""铺开的城市""3E（经济Economy、公平Equity、环境Environment）先行"为主题的三次大都市区规划。1929年，纽约区域规划协会（简称RPA）发表的《纽约及其周边地区的区域规划》是大纽约地区的"第一次区域规划"，也成为"世界上第一个关于大都市区的全面规划"。规划提议，构建公路、铁路和公园网络，以及居住、商业和工业中心，作为该区域物质和社会发展的基础。韦拉扎诺-纳罗斯桥的修建、乔治·华盛顿大桥的选址等都出自这一规划。该规划的核心是"再中心化"，制定了建立开放空间、缓解交通拥堵、集中与疏散、放弃高层建筑、预留机场用地、细化设计、减少财产税、建设卫星城等10项政策。1968年，RPA完成了大纽约地区第二次区域规划，规划的核心是通过"再集中"，也就是将就业集中于卫星城，恢复区域公共交通体系，以解决郊区蔓延和城区衰落问题。为此，规划提出了建立新的城市中心、塑造多样化住宅、改善老城区服务设施、保护城市未开发地区生态景观和实施公共交通运输规划五项原则。规划推动了牙买加、布鲁克林、纽瓦克等城市的经济发展。[1]1996年，RPA发布了第三次区域规划——《危机挑战区域发展》，规划的核心是凭借投资与政策来重建3E，即经济、公平和环境。规划提出植被、中心、机动性、劳动力和管理五大战役来整合3E，提高居民生活质量。

三次区域规划，从疏散中心城区办公就业，到把纽约改造成为多中心的大城市，再到提高地区的生活质量，使大都市区逐步具有

---

[1] 李桃、王文：《透视"世界三大湾区"（2）：区域统筹规划成就纽约湾区》，http://ihl.cankaoxiaoxi.com/2017/0714/2188269.shtml。

了着眼全球以及经济、社会与环境并重的发展理念。纽约从港口商业城市转变为工商并举城市,进一步发展成为以第三产业为主的世界金融中心,与该大都市区成熟的分工合作、有机整体的孕育密切关联。

二、公交优先战略破解布局不平衡问题

由于中心城区高端服务业集聚及地价高企,导致纽约市的职住分离现象较为突出,如曼哈顿集中了全市约56%的就业岗位,但在曼哈顿就业的人中,只有30%住在曼哈顿,17%来自皇后区,16%来自布鲁克林,8%来自布朗克斯,2.5%来自斯塔顿岛,还有10%—20%来自更偏远的长岛甚至新泽西。纽约市的通勤距离和负荷巨大,但却没有造成相关联的空气污染和交通拥挤状况,原因在于纽约公共交通使用量为全美最高。

公交、地铁、轮渡组成纽约发达的公共交通体系。纽约地铁几乎所有列车服务都经过曼哈顿,每天进入曼哈顿中央商务区的客流中,搭乘地铁到达的为62.8%。纽约地铁的特色在于同路线上会有3—4条轨道,快车(Express Service)行驶于中间轨道,左右两侧留给慢车(Local Service)使用。快车原则上只停转乘站及终点站,慢车每站皆停。公共汽车系统同样遍布纽约的五大行政区,与地铁路网形成了便捷的转乘。由于纽约是一个滨海城市,近年来纽约把"水"的文章做到极致,大力发展另一项公交设施——渡轮,通过水把社区连接起来,水成了纽约的第六个区。正是由于纽约建立了全美最发达的大众捷运系统,从而为缓解交通压力及布局不平衡问题

提供了有效支撑。

纽约市通过调整停车费等方式鼓励公交优先。[①]纽约市政府一直坚持公交优先,有车一族在市区内需要支付昂贵的停车费用,在最为繁华的曼哈顿区,每小时的停车费高达20美元以上;在曼哈顿工作的人有4/5会选择公共交通,停车的收入政府会用于进一步发展公共交通,除了便捷,纽约还致力让市民出行环境更加美好,包括建造众多的城市广场、配套1万多台自行车解决"最后一公里"问题、将废弃项目改造重建等,过去几年纽约的交通死亡率下降到非常低的水平。

三、汇聚创新要素解决创新不充分问题

"9·11"事件与金融危机使纽约意识到过度依赖金融产业存在的巨大发展风险,并开始重视科技创新和高科技制造业的崛起。近年来,纽约市主要从人才、基础设施和信息平台等方面扶持高科技产业发展,打造迭代升级版创新产业生态系统。[②]一是吸引创新人才集聚。纽约推出纽约人才引进草案(NYC Talent Draft),资助纽约的创业企业高管赴全国各大院校吸引电脑和工程学生,同时定期组织各大院校学生来纽约访问企业,其人才吸引活动遍及美国各地包括硅谷的院校。实施应用科学计划(Applied technology),由政府提供土地,吸引世界顶级高校和研究机构来加盟纽约科技发展计划,从而为纽约培养创新人才,带动纽约的创新力量。二是政府积

---

① 徐海星:《学纽约先进经验 建智能交通体系 走新型城市道路》,《广州日报》2012年4月13日。
② 《纽约科技创新中心迭代升级与应对策略》,《国际城市观察》,http://www.yidianzixun.com/article/0II2YALM。

极参与科技投资计划，建设适应创新经济发展的信息基础设施。纽约市政府建立了世界上最大的免费公共 WIFI 网络，纽约市政府还和 IBM 等公司合作，共同打造创业平台"数字纽约"网站。作为一个开拓性的搜索门户网站和数据库，网站几乎涵盖纽约市每一个高科技公司和投资机构，提供高科技企业职位空缺和全市创业活动的实时更新信息，并为初创企业提供孵化器、办公场地和培训信息。三是提升综合的创新服务环境。纽约科技行业复兴的优势在于，这里聚集了诸多早期投资公司、创业培育公司以及诸多与科技关系密切的行业。纽约拥有多个支柱产业，包括金融、文化、时尚和地产等，而科技创新可以在不同的产业运用。尽管存在高商务成本明显劣势，但不同于制造业时代的成本决胜，创新要素的汇聚力和沟通力、综合创新配套服务等都可以抵消大都市固有的高商务成本。

四、完善硬件设施解决环保不充分问题

纽约市环境治理在高标准的联邦宏观环境目标引导下，以对污染源及环境质量的精细化监测和科学分析为基础，快速锁定主要的环境治理源头，出台目标严格、手段灵活的法规法令，收到了良好的效果。[1]水环境在纽约城市环境中具有重要地位，为了确保水资源仍然是所有纽约人的重要自然资源，纽约不断投资完善基础设施网络，不断升级污水处理设施。[2]自 1886 年第一座污水处理厂建设

---

[1] 陈宁、周冯琦：《纽约市环境治理精准化对我国的启示》，《毛泽东邓小平理论研究》2017 年第 2 期。
[2] 参见周冯琦、程进、嵇欣：《全球城市环境战略转型比较研究》，上海社会科学院出版社 2016 年版。

以来，纽约市以哈德逊河为主的城市水环境治理已经走过了一个多世纪。在这个漫长的治理过程中，呈现出一定的阶段特征。早期由于大量生活垃圾和工业固废向水体倾倒，同时制造业快速发展，造成了水环境的急剧恶化。纽约市建立卫生局统一清运垃圾；建设了一批污水处理厂，对污水进行初级处理；在生态环境状况良好的卡茨基尔兴建饮用水源地的工程；第二次世界大战结束到20世纪70年代，纽约市制造业开始衰退，纽约市继续污水处理基础设施的建设，这期间全市的污水处理厂数量达到16座；20世纪70年代以来，随着联邦清洁水法的颁布，纽约市面临污水处理标准提升及污泥处理的问题，这一时期污水处理设施的提标改造成为主旋律。进入21世纪以来，纽约市判断现阶段雨季气候下，城市径流对水环境的不利影响已经成为水环境治理的重中之重，于是增加下雨天的雨污收集处理量，并出台绿色基础设施建设规划等。从1886年开始建设第一座污水处理厂开始，纽约对污水处理从初次处理不断升级到二级处理和深度处理。纽约市的污水处理设施已经能够满足干燥天气下的所有污水收集和处理。

第三节　东京经验

东京是东亚最具代表性的大城市之一。"二战"后，东京城市的发展经历了战后复兴期、高速增长期、稳定增长期和后泡沫经济期等不同阶段,在从传统的同心圆状的工业都市向分散化、多中心的网状后工业都市演进过程中,①东京也在努力解决城市发展中出现的各种不平衡不充分问题。东京人口密度与上海相当,东京都市圈是世界上最大的都市圈之一,其发展历程与动力机制具有典型意义。东京在解决发展不平衡不充分问题方面的经验,不仅对上海等大都市自身的发展和战略政策的制定具有借鉴作用,对都市圈的平衡发展亦具有重要的参考价值。

一、功能疏解破除空间发展不平衡问题

在空间受限、资源紧缺的条件下,东京经过50多年发展成为人口上千万、城市功能高度密集的世界金融中心、国际化大都市,其空间形态经历了由"一极集中"走向"多核多圈层"结构,成功实现了中心区集中容纳国际控制功能,副中心扩散次级功能,进而控制城市规模过度扩张。②这与战后从对城市规模的关注转为对城市功能空间布局的关注,实施"多中心、分层次"的空间发展战略以及政府与市场作用得以充分发挥密不可分。东京"多中心、分层次"的空间发展战略有力地支撑了生产性服务业的发展,老中心区与多个新中心区分层次并进,适应经济结构快速转变的需求,为生产性服务业提供了一个网络结构的发展空间。

东京十分注重城市规划,严格规定土地资源的利用,比如禁止在都心三区内建设占地500平方米以上的工厂,同时通过发展地下

---

① 江文君:《东京都市空间发展对上海的启示》,《都市文化研究》2007年第2期。
② 赵娇:《世界城市空间演进规律及其启示》,《开放导报》2010年第5期。

空间、整顿旧工厂扩大城市可利用空间。城市多区合理分工、协调发展,城市同周边地区也优势互补、良好互动。新干线和公共交通则为居民在不同区域之间的流动提供了便利条件。多摩地区接受东京区部大学、研究开发机构和高科技产业方面的功能转移,现已发展成为东京都高科技产业、研究开发机构、商业、大学的集聚之地。随着东京产业结构的不断升级,工业不断向周边地区转移,神奈川则逐步成了东京都市圈最中央的工业集聚地之一。由于接纳了东京都区部部分政府职能的转移,埼玉已成为政府机构、居住、生活、商务职能的集聚之地,在一定意义上成了日本的副都,同时也是东京重要的卧城之一。

二、技术创新解决制造业转型发展问题

东京的产业转型始于20世纪70年代,转型完成后东京仍然保留着制造业中心的地位。从产业结构来看,东京制造业内部经历了几次重要更替:20世纪60年代,由于国内劳动力成本上升和国际原材料价格波动,都市产业和加工组装类轻工业成为新的投资重点;20世纪70年代,两次石油危机爆发导致能源价格上涨,这促使政府加快推动钢铁和化工等高能耗产业的外迁;20世纪80年代,为弥补日元汇率上升对出口贸易的不利影响,东京政府大力扶持电气机械和运输机械行业通过技术创新提高产品附加值;20世纪90年代,化工产业技术研发成功应用于医药领域,实现了高附加值产品的规模化生产,带动化工和食品行业等资源型产业重新崛起。

日本政府从20世纪50年代后期开始制定三大都市圈发展规划,依靠科学的城市规划,东京中心城区保留了高技术制造业大企业或企业总部,而将小规模企业分布在城区外围,依靠便捷的客运交通和发达的信息网络将东京与周边地区联系起来。[①]通过产业链的协作分工,大企业和中小企业各自在擅长的制作技术和加工技能等环节实现专业化生产,并通过持续创新有效保障了东京制造业中心地位。随着日本经济从"贸易立国"逐步向"技术立国"转换,东京"城市型"工业结构进一步调整,以新产品的试制开发、研究为重点,重点发展知识密集型的"高精尖新"工业,并将"批量生产型工厂"改造成为"新产品研究开发型工厂",使制造业逐步向服务业延伸,实现产业融合。

东京除通过产业结构转型、合理布局等政策促进制造业升级外,还采取了一些具体措施,包括:鼓励企业采用先进的清洁生产工艺和技术;应用生态学和循环经济的理念和方法;企业内部、企业之间、产业园区的层次上构建循环经济体系;探索适用于制造业企业的环境管理科学和管理技术等。

三、分级布局解决公共服务不平衡问题

东京分级诊疗制度的运行与伦敦完全相反,几乎走的是另外一条道路,其具有两大特点:一是没有建立家庭医生(或全科医生)制度和法律强制的转诊制度,主要依靠完善区域卫生规划;二是医疗

[①] 郭巍、许伟:《世界三大城市产业转型路径带来哪些启示》,《求知》2017年第4期。

费用不再免费,而是选择国民和政府共同承担,加入了医疗保险的国民看病时只需自付30%的医药费(之前是20%),这样国民并不需要缴纳过高的保险费或消费税,政府也没有因为医疗支出过多而背上过于沉重的财政负担。

在卫生资源的规划利用方面,东京主要通过制定在空间上科学、宏观的布局方案引导医疗卫生体系的均衡发展,其中值得一提的是,公共卫生资源的均衡配置重点在于基层医疗服务机构而非较高等级的医疗机构。东京的医疗机构和标准病床床位数按照地区层级(三级医疗圈的设定)和功能进行规划,[①]其中一级保健医疗圈以单个的区、市、町、村地区为单位,提供就近就医的医疗圈;二级保健医疗圈以几个区、市、町、村为单位,设置了13个地区的医疗圈,提供除特殊的医疗以外的一般的医疗服务;三级保健医疗圈以整个东京都为一个圈,提供最先进的、高度的技术的特殊医疗的医疗圈。除转诊外基本上没有门诊服务。

四、区域合作治理解决环保不充分问题

环境问题是跨行政边界的,东京的环境问题需要区域内城市来共同治理。早在1953年,日本在《首都圈整治法》中将东京都与其周边地区作为一体化的区域设定为法定规划对象,到目前为止,日本已经制定了五次首都圈规划[②]:第一次首都圈基本规划(1958—

[①] 刘宝、陈群民、周玄韵等:《上海医疗卫生服务体系与全球城市的差距及发展战略》,《科学发展》2016年第3期。
[②] 参见周冯琦、程进、嵇欣:《全球城市环境战略转型比较研究》,上海社会科学院出版社2016年版。

1975)主要内容是在建成区周围设定绿化带,控制建成区扩张与卫星城市建设;第二次首都圈基本规划(1968—1975)主要内容是城市空间改造、城市与绿地空间的协调、推进卫星城市建设;第三次首都圈基本规划(1976—1985)主要内容是摆脱单一中心型结构,促进商务核心城市发展与充实周边地区社会文化功能,形成不依赖于东京都心的大都市外围地区;第四次首都圈基本规划(1986—2000)主要内容是形成以商务核心城市为中心的自立型都市圈和多核多圈层的区域结构;第五次首都圈基本规划(1999—2015)主要着眼于解决周围对东京都心的依赖与单一中心结构所带来的问题,强化都心与近郊区之间的功能布局和联系,促进新的城市的空间配置,推动环状核心城市群的形成。以上五个规划都是由日本中央政府制定的。而1999年,东京都提出的"首都圈大都市区构想"(2000—2025),主要理念是"提高首都圈的国际竞争力,提升市民生活质量、促进国内外交流、加强交通基础设施建设、加强圈内7个县市的区域性联系、发挥圈域整体聚集效应,提高首都圈乃至全国的发展活力、创造与环境共生的首都大都市圈"。东京在区域环境合作机制——九都县市首脑会议环境问题对策委员会中一直发挥核心和引领作用,通过制度化机制在低碳、大气污染、东京湾水质改善和绿化等领域开展区域合作。[1]

---

[1] 刘召峰、周冯琦:《全球城市之东京的环境战略转型的经验与借鉴》,《中国环境管理》2017年第6期。

第四节　全球城市经验对上海的启示

伦敦、纽约、东京作为全球城市的代表，其城市经济社会发展中的不平衡不充分问题既有相同之处，也有所区别，所采取的措施也与城市自身的经济社会发展密切相关。

一、多中心布局解决城市空间不平衡问题

借鉴伦敦、纽约和东京等地经验，上海可以培育多中心功能体系。结合城镇体系，构建依据人口分布、发展特征和交通网络相匹配的"国际中心、地区中心、城镇中心、社区中心"公共服务中心体系，实现公共服务均等化。主城区优化功能提升品质，适当增设并提高城市副中心开发强度；提升新城中心公共服务能级，承载文化和科技创新等全球城市部分核心功能；完善多元化公共服务配套设施，构建复合宜人的社区生活圈，提供多渠道社区就业机会，打造立体亲和的社区中心。在严格保护生态环境的基础上，形成大中小城市和小城镇合理分工，生态、产业、居住等功能组团协同发展的格局，强化节点的辐射带动作用。中心城强调分区导向发展；中心城周边强化组团式发展，结合交通枢纽，提升公共服务水平，维护生态格局；城镇圈通过强化交通、产城融合、职住平衡、服务共享促进城镇组团式发展。

二、优化创新要素推动自主创新充分发展

纽约、伦敦都是当今世界上典型的国际经济中心城市,且无一例外地依赖于科技创新功能得以迅速地发展与成长,同时也借助科技创新不断推动城市经济转型和综合实力提升。借鉴纽约、伦敦、东京等地经验,上海应着力构建与现代化国际大都市相匹配的科技创新功能。第一,加强创新源头培育。利用外资优势发展高等教育,集中力量加快若干所具有国际竞争力的世界高水平大学及学科的建设发展;鼓励和引导有创新能力的中小企业通过多种形式与科研机构组建产学研联合体;创新教育投资渠道,推动多元化教育服务和人力资源开发。第二,大力支持科技创新市场主体。鼓励中小企业自主创新,加强资源共享服务的供给和专业技术服务的支撑;培育容忍失败、鼓励创新的企业精神;加快培育高素质技术创新的人才队伍;形成 R&D 的资金合作创新;促进企业技术对引进产品、技术的消化吸收;加大企业在中试环节的投入。第三,优化城市创新环境。营造有利于人才成长的文化环境;建立健全相关法律法规,为创新提供法律保障;营造优质服务环境,加速创新的形成;优化市场环境建设,鼓励企业自主创新研发。

三、分层级管理促进公共服务均等化发展

借鉴伦敦、东京等地经验,重点针对上海公共服务资源布局不平衡问题,上海应重点将信息技术应用于教育医疗领域,并通过强化基层医疗及教育资源,推动公共服务资源均等化配置。第一,强

化公共资源配置的分层分级理念。进一步推动优质医疗卫生资源的下沉，建立基层全科医生的培育体系和准入门槛，加快推动基层服务资源的均等化配置，使社区卫生服务中心真正有能力全面、深入管理居民健康状况，能够满足未来不同阶层、不同人群、不同语言的服务需求，确实成为居民健康的"守门人"。在二、三级医院与若干社区卫生中心之间建立层级分明、秩序良好、功能清晰的医疗联合体，在联合体内部实施人员柔性流动，并安排更多优秀医生每周定期到社区卫生服务中心坐诊。进一步完善分级转诊制度，积极建立转诊机构之间顺畅的联系网络和流程，实现患者信息在不同级别机构之间的无缝流转，实现部门之间共享互认检查检验结果。第二，借助信息技术补齐教育公共服务资源短板。加强全方位信息技术手段，组建远程教育、开放教育及网络教育体系。建立教育云数据存储与管理中心、网真课堂、物联网互动反馈学习共同体以及教学智能诊断系统，实现远程教学平台运行同步管理和高等教育与基础教育优质资源共享与应用，促进教育均衡发展和社会公平。

四、优化体制机制改善城市生态环境质量

借鉴伦敦、纽约、东京等国际大都市的生态发展经验，从体制机制入手，着重构建具有发展中国家大都市发展特点的生态治理框架。一是空间联动由城市内部环境治理转向都市圈环境联动。这一转型与大都市功能向郊区和周边城市疏解密切有关，因为环境问题是跨行政边界的，都市圈内的环境问题需要区域内城市来共同治理。二是政策保障由注重法治约束转向注重规划导向。随着环境

法治已趋于完善,全球城市生态环保的政策保障表现出由早期的法治约束向近年来的规划导向转型,通过城市综合性规划对未来环境战略的发展走向进行保障。三是环境技术由末端技术转向预防技术、智能技术全球城市环境治理经验表明,环境技术经历了从末端治理技术到废物减少化技术,再到清洁生产技术、预防技术以及未来的智能技术等发展过程,以维持清洁环境这一公共物品。

第五章　上海解决发展不平衡不充分问题的思路与对策

以习近平新时代中国特色社会主义思想为指导，从全面贯彻党的十九大、十九届二中及三中全会精神的要求出发，以建设更高水平小康社会为目标，围绕建设"五个中心"和社会主义现代化国际大都市以及"卓越的全球城市，令人向往的创新之城、人文之城、生态之城"为战略愿景，立足新时代上海发展所处的历史方位，立足上海作为建设更高水平小康社会和迈向全球城市的社会主义国际化大都市的特征，深入分析新时代上海发展不平衡不充分问题的主要表现、主要难点与瓶颈，充分借鉴国际大都市解决发展不平衡不充分问题的主要经验，统筹推进经济、社会、生态各方面协调发展，着力抓重点、补短板、强弱项，不断提升城市吸引力、竞争力和创造力，不断提升城市宜居水平，更好推动人的全面发展、社会全面进步，推动上海实现更高质量发展，为人民创造更高品质生活。

第一节　解决不平衡不充分问题的总体思路

抓重点和补短板是上海解决发展不平衡不充分问题的工作重点。抓重点主要解决发展不充分问题,在美好生活需要及全球城市建设的核心领域快速发展;补短板主要解决发展不平衡问题,缩小区域之间、经济社会各组成部分之间的发展差距。

一、工作重点

（一）推进科技创新中心建设

加快提高上海城市自主创新能力,建设张江综合性国家科学中心,围绕提升集中度和显示度推进大科学设施建设,筹建一批国家实验室,实施一批市级重大专项,培育一批创新性企业和高科技企业,建设一批国家"双创"示范基地;加强科技体制机制创新,实施人才高峰建设计划,完善人才梯次资助体系,依靠具有国际影响力的科技创新中心为抓手,创新驱动上海城市转型发展。

（二）深化供给侧结构性改革

建设国际金融、贸易、航运中心,稳步推进原油期货等业务创新,促进融资租赁业发展,继续争取重要金融机构设立上海总部,要打好防范化解重大风险攻坚战;加快集聚贸易型总部、功能性贸易平台,培育各类新消费,打造国际消费城市;积极发展航运金融、邮轮经济等高端航运服务业,进一步完善现代航运集疏运体系。

(三) 深入推进两个扇面开放

围绕"三区一堡""三个联动"等重要载体,依托洋山深水港和浦东国际机场等,积极探索建设自由贸易港;全面实施市场准入负面清单制度,拓展国际贸易"单一窗口"和自由贸易账户功能;落实服务国家"一带一路"建设桥头堡行动方案;举全市之力筹办好首届中国国际进口博览会,努力办成国际一流的博览会。推动长三角区域规划、基础设施、城镇体系、要素市场、产业布局、科技创新、公共服务、生态保护一体化发展,努力把长三角建设成为全国贯彻新发展理念的引领示范区、全球资源配置的亚太门户、具有全球竞争力的世界级城市群。深入参与长江经济带生态优先、绿色发展,更好发挥上海在内向度和外向度两个方面的联通作用。

(四) 提高保障改善民生水平

统筹推进旧区改造、城市有机更新、历史风貌保护、大居建设,在全市范围试点旧改新政策;抓好就业社保和养老服务,推动实现更高质量就业,全面推行长期护理保险试点;加快教育卫生改革发展,全面落实高校"双一流"建设任务,做实"1+1+1"签约服务机制,扩大家庭医生制度受益面;推动文化体育发展,重点落实文化创意产业创新发展"50条",为市民提供更均衡、更优质的公共服务。

(五) 提供更多优质生态产品

树立生态福祉底线思维,锚固自然生态格局和基地,严格控制城市增长边界;加强沿江、绿地林地生态系统保护,沟通河网水系,改善水动力条件,提高自净能力,提升生态服务功能;提升环境响应能力;加强城市水土气环境综合治理,建设开放共享的绿色公共空间,建设清水环绕、绿意盎然的生态之城,全方位提升城市市民生态福祉,让市民在绿色发展中拥有更多获得感、满足感、幸福感;强化激励约束机制,发挥政府主导作用,调动社会各方面积极性,形成合力开展生态文明建设。

(六)加快推进城乡融合发展

建设美丽乡村,加强乡村风貌保护,加快推进完成农户村庄改造项目建设和农村生活污水处理工程;发展都市现代绿色农业,推进结构调整,完善农业政策,增加绿色农产品供给;深化农村改革,全面完成村级产权制度改革,稳妥推进镇级产权制度改革,壮大集体经济;继续盘活农村存量建设用地,增加农民收入。

(七)推进政府服务能力改革

深入推进"放管服"改革,深化"证照分离"改革试点,实施优化营商环境行动方案,深入推进"互联网+政务服务";深入推进依法行政,推进分类综合执法改革,深化政务公开;推进政府作风建设,严格落实"一岗双责",提高职能部门的服务意识,实现从"脸难看、事难办""脸好看、事难办"到"脸好看,事好办"。

二、实施路径

(一)以规划引领优化城市资源配置

为解决当前政府配置资源中存在的配置效率较低、公共服务供给不足等突出问题,围绕国家要求、上海城市发展目标愿景和全球城市发展趋势,加快出台城市公共服务均等化、城市生态品质建设、乡村振兴、城市精细化管理等领域的规划和实施方案,形成一批促进城市更平衡更充分发展的综合性、基础性、指导性文件和制度建设框架；抓好规划落地和实施管理，切实维护规划严肃性和权威性，深化细化专项规划、详细规划，通过自上而下地规划制定、政策落实，着力提升政府公共服务供给效能和水平，提升规划对城市资源配置的调控作用，确保规划科学、布局合理，促进城市资源配置效率和城市服务供给能力不断提升。

（二）以科技创新优化产品供给能力

创新水平决定供给能力。按照习近平总书记"抓创新就是抓发展、谋创新就是谋未来"的要求，着力推进创新从"追跑跟跑"向"并跑领跑"迈进，加快建设具有全球影响力的科技创新中心，以创新打造新动能、发展型经济、创造新供给、催生新需求，形成以创新引领为鲜明特色的供给侧新优势；着力质量引领，把减少无效供给、扩大有效供给作为主攻方向，对标国际一流供给体系，将设计、标准、品牌作为提升供给质量的三大支撑，推动高端消费回流，引领消费潮流；以精细设计促进供给多样化，以更高标准提升供给品质，以一流品牌树立供给信誉，着力推动互联网和实体经济深度融合发展，以互联网思维、技术和手段，创新供给新业态、新商业模式和供给方式。

（三）以生态宜居引领更高品质生活

坚持生态惠民、生态利民、生态为民，不断满足人民群众日益增长的优美生态环境需要；最大限度回归自然，构建各类自然要素肌理自然延续的生态体系，丰富生态群落体系，促进生态建设与社会文化建设的有机融合；充分关注不同层次市民的生态需求，营造更富有人文关怀的城市公共活动空间，构建更舒适宜居的人居环境，积极构建绿色触手可及的城市图景,积极打造生态的、有复原力的城市和社区,让人们在一个天蓝、地绿、水清、生机勃勃的环境中工作和生活。

(四)以人文情怀提升城市发展温度

坚持以人民为中心的发展理念,以上海市十一次党代会关于"建筑是可以阅读的,街区是适合漫步的,公园是最宜休憩的,市民是尊法诚信文明的,城市始终是有温度的"城市愿景,致力于打造高品质生活,让所有工作在上海的人们都感受到这座城市带来的获得感、安全感、幸福感,抓住市民群众关心的教育、卫生、就业、养老、住房、文化体育等基本公共服务,让服务更便捷可及,着力解决交通等大城市发展面临的普遍难题;着眼于高等级公共服务供给,建设一流文体设施,使上海成为具有国际吸引力的宜居之都;着眼未来城市对生态环境的更高要求、更严标准,打造更多优美的生态空间,让老百姓有更多机会亲近自然。①

(五)以精细管理推动分类精准施策

推进城市精细化管理是上海历史方位和现实发展的需要,上海需要加快建立健全与超大城市特点相适应的城市综合管理标准体系,为精细化管理提供标尺和依据;精准"补短板",全面提升城市管理和公共服务水平,通过多个方面的锻造,让精细化融入城市规划、建设、管理和服务的各个环节和领域,逐步推进上海城市管理的社会化、法治化、智能化、专业化水平。②

---

① 谈燕:《注重高质量发展 打造高品质生活》,《解放日报》2018年1月16日。
② 文军:《上海要实现李强书记提出的"绣"出城市管理精细化品牌,还要在哪几个方面精准发力》,https://www.jfdaily.com/news/detail?id=78768。

（六）以协同发展共建全球城市区域

上海建设全球城市，实现高质量发展和更平衡更充分发展，必须依托长三角区域，推动长三角城市区一体化发展，建立起全球联系并融入全球城市网络之中，依托长三角全球城市区域先进制造业体系，借助长三角全球城市区域的广泛对外经济联系，发展流量经济，增强城市网络便利性和通达性。

第二节　创新驱动城市更平衡更充分发展

总结纽约、伦敦、东京等城市的发展经验可知，这些城市在工业化后期传统产业的发展均经历了深化加工，与文化、时尚传媒融合，注重高新技术投入等阶段，通过技术和知识创新不断向高端环节攀升，依然成为城市的重点产业，并掌控全球制造业价值链。中共上海市第十一届委员会第三次全体会议强调"着力构筑上海发展的战略优势"，并提出了四方面的着力点。其中，第一个就是"强化创新驱动"。

一、积极推动产业供给侧结构性改革

随着人均 GDP 增长，居民消费结构也发生重大转变，对于医疗保健、教育休闲、娱乐、保险、养老等支出占据消费支出的主要部分。为此，一是应持续推进产业创新，淘汰落后过剩产能，大力发展新产业和新业态及战略性新兴产业、现代服务业，优化提升集成电路、生

物医药、汽车等世界级先进制造业发展水平,培育壮大智能装备、航空航天、海洋经济、生命健康和机器人等未来产业,提供新的产品和服务,增加消费需求和价值观转变下的新型产品供给。二是优化现有要素供给结构,调整产品供给结构和产品与服务质量,从深层次上解决供给同需求错位问题,解决低端产能过剩与高端有效供给不足,个性化消费、多样化消费难以得到充分满足,以及城市产品创新能力不能满足人民日益增长的需求等问题。

专栏5-1:美国人均GDP与消费结构、行业结构变化的关系

1960年以来,美国居民食品、衣着等消费占比逐渐降低,而医疗护理、娱乐支出等支出快速提升,从传统的消费品向服务消费转变的趋势明显,这也推动了产业结构的转型。

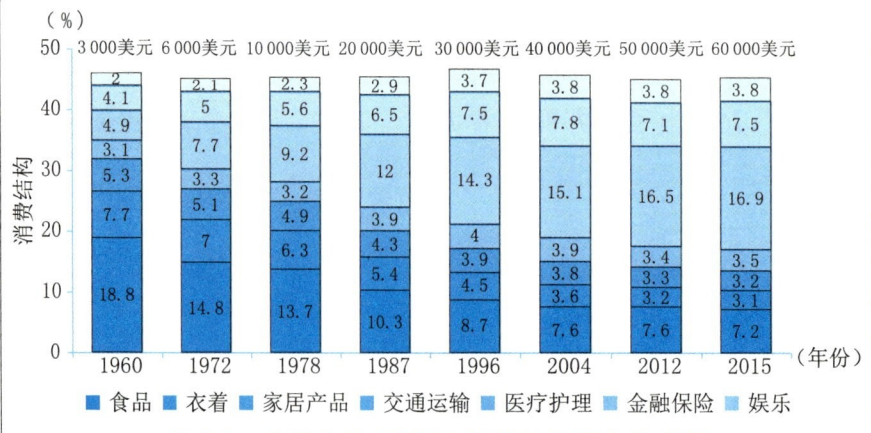

年份	人均GDP	食品	衣着	家居产品	交通运输	医疗护理	金融保险	娱乐
1960	3 000美元	18.8	7.7	5.3	3.1	4.9	4.1	2
1972	6 000美元	14.8	7	5.1	3.3	7.7	5	2.1
1978	10 000美元	13.7	6.3	4.9	3.2	9.2	5.6	2.3
1987	20 000美元	10.3	5.4	4.3	3.9	12	6.5	2.9
1996	30 000美元	8.7	4.5	4	3.9	14.3	7.5	3.7
2004	40 000美元	7.6	3.6	3.8	3.9	15.1	7.8	3.8
2012	50 000美元	7.6	3.2	3.3	3.4	16.5	7.1	3.8
2015	60 000美元	7.2	3.1	3.2	3.5	16.9	7.5	3.8

图5-1 美国人均GDP与消费结构变化的关系

数据来源:何广锋:《沿着人均GDP与消费支出变迁轨迹寻找财富投资机会》,https://www.sohu.com/a/119304468_371463。

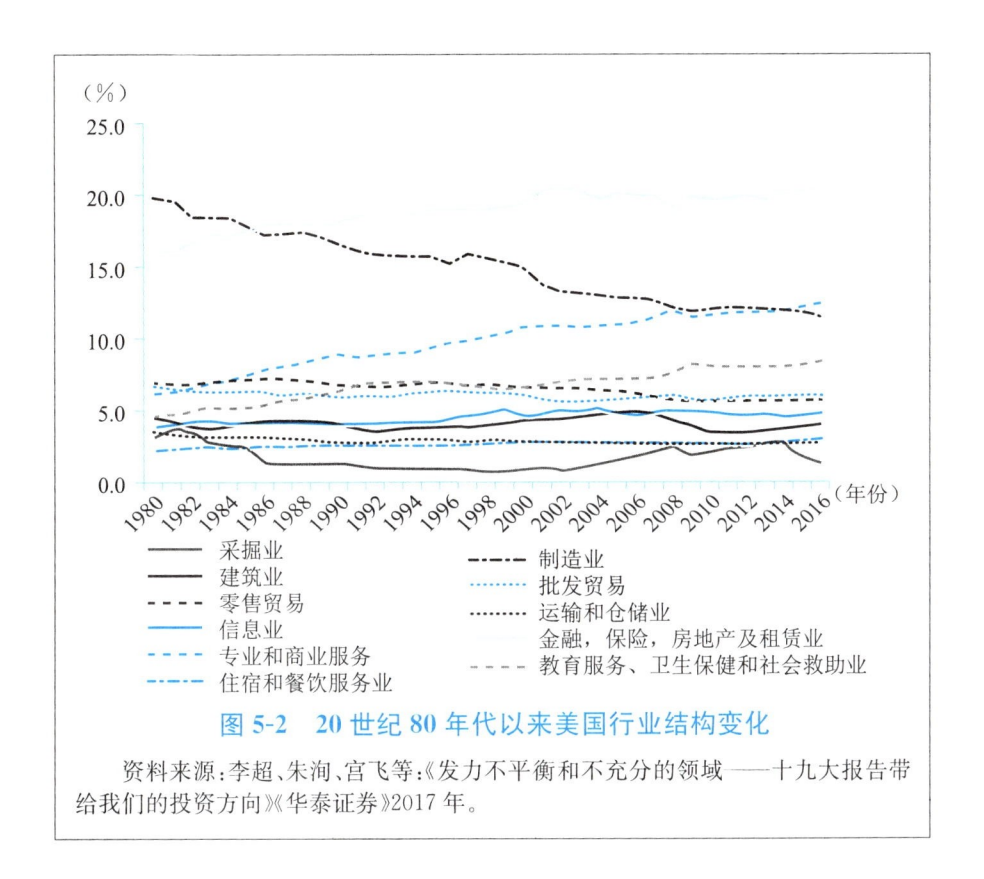

第五章 上海解决发展不平衡不充分矛盾的思路与对策

图 5-2 20 世纪 80 年代以来美国行业结构变化

资料来源：李超、朱洵、宫飞等：《发力不平衡和不充分的领域——十九大报告带给我们的投资方向》《华泰证券》2017年。

二、建立需求导向型的创新服务体系

上海发展思路要有新突破，在行动上需摆脱规模化、工业化、标准化生产和集中式、纵向式管理思维窠臼。首先，对标国际最高标准、最好水平，加快推进政府自身改革，深入落实市委市政府关于打造最优综合营商环境的要求，对标国际最好水平，补齐短板弱项，用公务员的"辛苦指数"换来群众的"幸福指数"、企业的"发展指数"。在政府权力集中的垄断性领域彻底推行政企分开，在深化"放管服"、提高政府服务效率的同时，要更着力于培育新产业、新业态、新模式，打破行政干预导致的横向、纵向经济分割。其次，建立面向消费需求的创新体系。把握全球城市发展数字技术、生物技术、纳米技术、神经科技，发展众创空间、联合办公空间、公共实验室、空间共享，以及人工智能、无线网、包容性社区、智慧国、共享经济等创新趋势，顺应上海城市居民生活方式、社会结构、价值观等变化趋势（可持续生活成为主流、居民生活智能化、消费需求多元化个性化、学习型社会、中产阶层数量扩大等），积极推动上海城市创新发展模式转型，积极完善创新产品供给形势，完善科技创新体系、建立终身教育体系、服务型城市治理体系，营造激发活力的制度环境等。

三、促进中心城区创新功能不断提升

上海拥有两大战略空间：中心城区和外围郊区，协同提升两大战略空间的创新功能定位，是综合提升上海城市创新能力的前提和基础。中心城区根据内部各区差异化的要素条件，通过城市更新，推动"创新街区（Innovation District）"的建设，推动科技创新要素和活动集聚。

中心城区创新街区需要满足以下要求：一是多元性，即将创新与其他用途混合。创新街区把许多零售和混合利用的公共空间（以及居住、工作平衡的空间）带到一起，这样其中的机构可以将员工的生活成本通过共享达到外部化，避免企业为提供服务设施而额外增加预算，对于小微企业尤其有利。二是传承性，即从已有的人与场所开始。创新街区不应是大拆大建，从一处干净空白的地开始建设，而是应注重与社区或者城市肌理连续的传承，与周边的原生社

区开展紧密并有意义的合作。三是社交性，即通过场所和活动策划把人们带到一起。"社交资本"是创新街区中十分宝贵的组成要素。除了注重"强联系"，在特定领域内将人群连接到一起，使深层次的信任、合作和信息共享产生。还应注重"弱联系"，在更广泛的领域内将人群联系到一起，在已有网络之外提供新的信息渠道、新的联系人和商业信息等。舒适、可达的公共场所能够从多个方面建立起上述的两种社交性。四是移动性，即通过多元的交通方式与更广阔的城市与区域连接。创新街区应该更加重视社会联系性，通过便捷的公交和电子连接系统，使创新城区与城市其他空间便捷联通，并在一定的通勤圈内与长三角其他城市相连。

中心城区创新街区建设的主要策略：一是发挥核心机构的引领作用，有助于创新街区找到主要创新源头并进行产业链延伸和配套，形成明确的创新发展格局。二是促进合作，创建紧密的生态系统以促进创造性增长，将小公司与提供资本获取的大公司相互交织。三是提供"公共空间＋规划"，建立丰富的合作开放空间和场地，主要包括社交型公共空间和办公型公共空间，其中社交型公共空间包括绿地、广场、价格适中且24小时营业的零售型公共空间，办公型公共空间包括规划建设共享办公空间、孵化器、加速器和公共创新中心等。

第三节 推动城乡和城区功能的平衡发展

国际大都市的空间形态经历了由"一极集中"走向"多核多圈

层"结构。如伦敦的"环状路网＋绿带＋卫星城"模式、东京的"多中心、分层次"战略。一是政策和制度引导城市功能分区。通过制定一系列政策和规章制度来引导和促进城市空间结构的发展,用行政手段控制新建工业、生态空间、生活空间布局。二是建立卫星城引导人口郊区化发展。先由政府出资建造一批厂房、商店、学校、住宅和公园等基础设施,吸引企业和居民自愿迁入。政府给予一定的补贴和税收优惠,为人口和产业外迁提供有利条件。三是设定"鼓励地区"限定疏解方向。政府带头将管理部门向郊区新城转移,大企业总部落户"鼓励地区"也渐成趋势。

一、以非核心功能疏解优化空间格局

依据《上海市城市总体规划(2017—2035)》《中共上海市委关于面向全球面向未来提升上海城市能级和核心竞争力的意见》以及各城区国民经济和社会发展五年规划纲要等,合理布局上海16个城区的核心功能与非核心功能,形成上海各城区多样化发展、协同发展的格局。优化调整中心城区功能,优化提升金融、商务核心功能,成为全球城市核心功能主要承载区,有序推进高端服务业的支撑功能、中高端制造生产功能、部分专业服务功能、研究与试验功能、医疗教育等公共服务功能向郊区新城疏解,支持郊区新城依托制造业基础、创新成本较低、生态环境较好等优势,培育和增强科技创新、总部经济、文化创新等功能,增强郊区反磁力中心作用。在原有城市副中心基础上增加金桥、张江、大场等市级副中心,重点提升苏州河以北、浦东地区等城市综合功能;积极提升城市交通水平,通过城市功能疏解,促进郊区职住平衡和产城融合发展,提升郊区地区发展水平。

表5-1 上海市各城区的核心功能

序号	城区	核 心 功 能
1	黄浦区	金融服务、商贸流通、文化创意、专业服务、休闲旅游、航运物流、"四新"经济
2	静安区	商贸服务、金融服务、专业服务、文化创意、信息服务,以及"互联网＋"、物联网、大健康
3	徐汇区	现代服务、智能制造、现代商贸、信息产业、生命健康、文化创意、创新金融
4	虹口区	金融、航运、商贸、文化创意、绿色环保产业
5	杨浦区	科技金融、科技服务、文化创意、互联网新经济
6	长宁区	航空服务、现代商贸、信息服务、专业服务、金融服务和文化创意
7	普陀区	科技服务、现代商贸、金融服务、专业服务、文化服务、"互联网＋"新业态
8	浦东新区	电子信息、汽车、成套设备、生物医药、新能源、民用航空,以及金融、航运、贸易、会展旅游和文化创意
9	宝山区	高端智能装备、新材料、生物医药及高性能医疗器械、钢铁与钢铁贸易、邮轮、信息服务、金融服务、节能环保
10	闵行区	高端装备、信息技术、生物医药、新材料、智能制造、"四新"经济
11	嘉定区	汽车与新能源汽车及汽车智能化、集成电路及物联网、高性能医疗设备及精准医疗、智能制造及机器人、"四新"经济
12	松江区	电子信息、现代装备、"四新"经济、旅游休闲、文化创意
13	奉贤区	新能源、生物医药、新材料、先进装备、智能电网、"四新"经济、生产性服务业

续 表

序号	城区	核 心 功 能
14	金山区	高端智能装备、新一代信息技术、生命健康、新材料、精细化工
15	青浦区	精密机电、电子信息、印刷传媒、高端装备、新材料、生物医药,以及现代物流、软件信息、创新金融等生产服务
16	崇明区	森林花园、生态人居、休闲度假、生态农业、海洋装备、科技研创

资料来源:根据各城区国民经济和社会发展第十三个五年规划纲要整理。

二、以乡村振兴战略缓解城乡间差距

城乡之间的发展不平衡问题是现阶段本市面临的最大短板。要全面落实"三倾斜一深化",优化完善城乡发展一体化体制机制,不断缩小城乡发展差距,推动实现高水平的城乡发展一体化。一是加快编制《上海乡村振兴规划》,做好村庄布局规划,加强村庄发展分类引导,遵循乡村自身发展规律,保留保护村庄肌理、自然水系,粉墙黛瓦、小桥流水、枕水而居,体现江南特色,改善人居环境、保护传统风貌和自然生态格局。二是加强村庄建设管理,重点保护40个以上具有历史文化底蕴和风貌特色的村庄,保留在资源、环境、规模、区位、产业、历史、文化等方面综合评价较高的村庄,有序迁并环境差、规模小、分布散的村庄,以节约集约用地为导向,引导农民到城镇生活居住。①三是明确上海乡村振兴关键举措,以产业兴旺为

---

① 朱建江:《"上海2035"透露出怎样的乡村振兴布局?》,https://web.shobserver.com/news/detail?id=78833。

重点,着力提升郊区产业高质量发展;以生态宜居为方向,着力推进美丽乡村高品位建设;以乡风文明为导向,着力弘扬江南文化;以治理有效为目标,着力加强农村基层基础工作;以生活富裕为根本,着力提高农村民生保障水平。[①]四是建立健全乡村振兴体制机制和政策体系,强化顶层设计、政策创新、投入保障、人才保证,按照国家部署,加快形成财政优先保证、金融重点倾斜、社会积极参与的多元投入格局,为实施乡村振兴战略提供强有力支撑。

三、以市级统筹推动郊区新城的发展

围绕《上海市城市总体规划(2017—2035年)》关于"主城区—新城—新市镇—乡村"城乡体系的布局,推动郊区新城建设在提升品质上下功夫。一是从市级层面整体规划郊区新城建设。成立实体性、专门化的市级新城建设管理机构,如上海市新城建设推进办公室等,全权负责上海所有郊区新城的规划招标、开发建设、组织协调等工作。二是深化郊区产城融合。不断完善郊区功能定位、强化城区特色、深化产城融合、优化服务管理,使郊区新城真正宜居宜业、充满活力,选取嘉定、松江为试点,建设郊区产城融合发展试点,打造产城融合、宜居宜业、功能完善、生态良好、治理有序、文化文明的新城样板。三是鼓励郊区出台各类人才吸引计划。充分发挥其人口产业导入区的功能,在全市层面出台针对不同层次的人才吸引政策,鼓励郊区政府设立各类"人才项目"和"人才计划",对于重要

---

① 上海发布:《粉墙黛瓦、小桥流水……上海的乡村振兴路线图来啦!》,http://baijiahao.baidu.com/s?id=1596827367317923623&wfr=spider&for=pc。

领域专业技术人员给予购房补贴、落户、职称评定等优惠政策,支持企业与高校、科研院所建立技术研发平台、资源共享平台、技术转移服务平台,为吸引人才"筑巢",提升郊区新城吸引力、创造力和竞争力。

第四节 补齐公共服务和基础设施的短板

上海需要以全球顶级城市设施标准为标杆,围绕薄弱环节和主要问题,提高基础设施、公共服务和民生保障投资的有效性和精准性,将环保信息架构和环保基础设施相结合,改变环境管理部门和生态环境的交互方式,改变管理部门、企业和社会公众的交互方式,提高交互效率,着力补齐薄弱环节短板。重点是聚焦人口导入及人口导出导致的城区人口结构变化,依据常住人口结构推进城乡基本公共服务均等化和全覆盖,逐步消除不同城区之间公共服务水平差距,构建公平共享、便利多元、弹性包容的基本公共服务体系。

一、推进城乡基本公共服务均等发展

聚焦人口导入及人口导出导致的城区人口结构变化,依据常住人口推进城乡基本公共服务均等化和全覆盖,逐步消除不同城区之间公共服务水平差距,构建公平共享、便利多元、弹性包容的基本公共服务体系。

切实解决区域、校际教育资源不均衡问题,充分利用移动互联网、大数据等技术,增强现代教育的开放性、可及性和共享性,并合理布局平民化教育服务设施;积极培育多元市场主体,采用公办、民办和混合办学多种方式相互补充,构建教育均衡发展现代教育体系。依靠政府引导、市场驱动,优化城乡医疗资源合理布局,完善基层基础医疗服务网络,进一步完善分级诊疗,引导城市职工就医向基层门诊流转。积极构建公共服务资料交互共享信息化服务平台,为市民提供医疗卫生、食品安全、教育文化、城市交通、公共安全等综合服务。

落实基本公共服务项目清单制度,完善《上海市基本公共服务项目清单》内容与保障标准,并依据对服务项目清单完成情况对市教委、市人力资源社会保障局、市民政局、市司法局、市卫生计生委、市食品药品监督管理局、市住房城乡建设管理委、市文广影视局、市体育局、市残联等部门进行考核。

二、增加优质多元化的公共服务供给

努力提供更加优质的教育服务。贯彻人文化、终身化、国际化的教育理念,推动基础教育开放、优质、多样化发展,构建基于核心素养的课程体系,健全教育质量综合评价系。提升高等教育创新人才培养质量,加快建设以复旦大学、上海交通大学、同济大学、华东师范大学为首的世界一流大学和一流学科,引进一批世界名校积极推进中外合作办学,吸收国外办学先进理念。构建完善职业教育体系,推进部分普通本科高校向应用型高校转变,支持企业参与办学,完善多方参与的职业教育联动机制。健全以需求为导向的终身教育体系,提供面向各类人群的终身教育服务,搭建市民终身教育平台,建立学习共享机制。

提供更完善、更优质的医疗健康服务。构建多层次、多元化、全方位的医疗健康服务体系,不断满足群众多样化健康需求,将上海建成世界一流健康城市。积极发展各类医疗联合体,完善分级医疗机制,推进医疗机构对接整合;加强高端优质医疗资源投入,培育一批全球顶级医院,加快打造亚洲医学中心城市和世界医学中心城市。加快医疗服务市场和大健康产业发展,促进健康与养老、旅游、互联网、健身休闲、食品等产业融合发展,形成健康城市发展支撑体系。积极发展数字智慧医疗,推动移动设备、可穿戴设备、云计算、大数据等在医疗中的广泛运用,推动电子病历、电子健康档案等标准化建设,推动远程诊疗、云医院建设。①

专栏5-2:机构养老智能监护系统

机构养老智能监护系统是基于局域网 LAN 和广域网 WAN 传输(可跨网段跨路由)技术,可实现老人与子女、照护站和内部医院服务中心之间双向高清可视通话,当老人有突发情况需要紧急求助时,可以及时、便捷地得到救助。护理人员与子女每天可实时了解到老人的体征健康数据,从而让老人的生命

---

① 参见上海市人民政府发展研究中心:《建设卓越的全球城市 2017/2018年上海发展报告》,格致出版社/上海人民出版社2017年版。

健康安全更有保障,机构的管理更加有效,子女关爱更好落实。

图 5-3 来邦机构养老智能监护系统

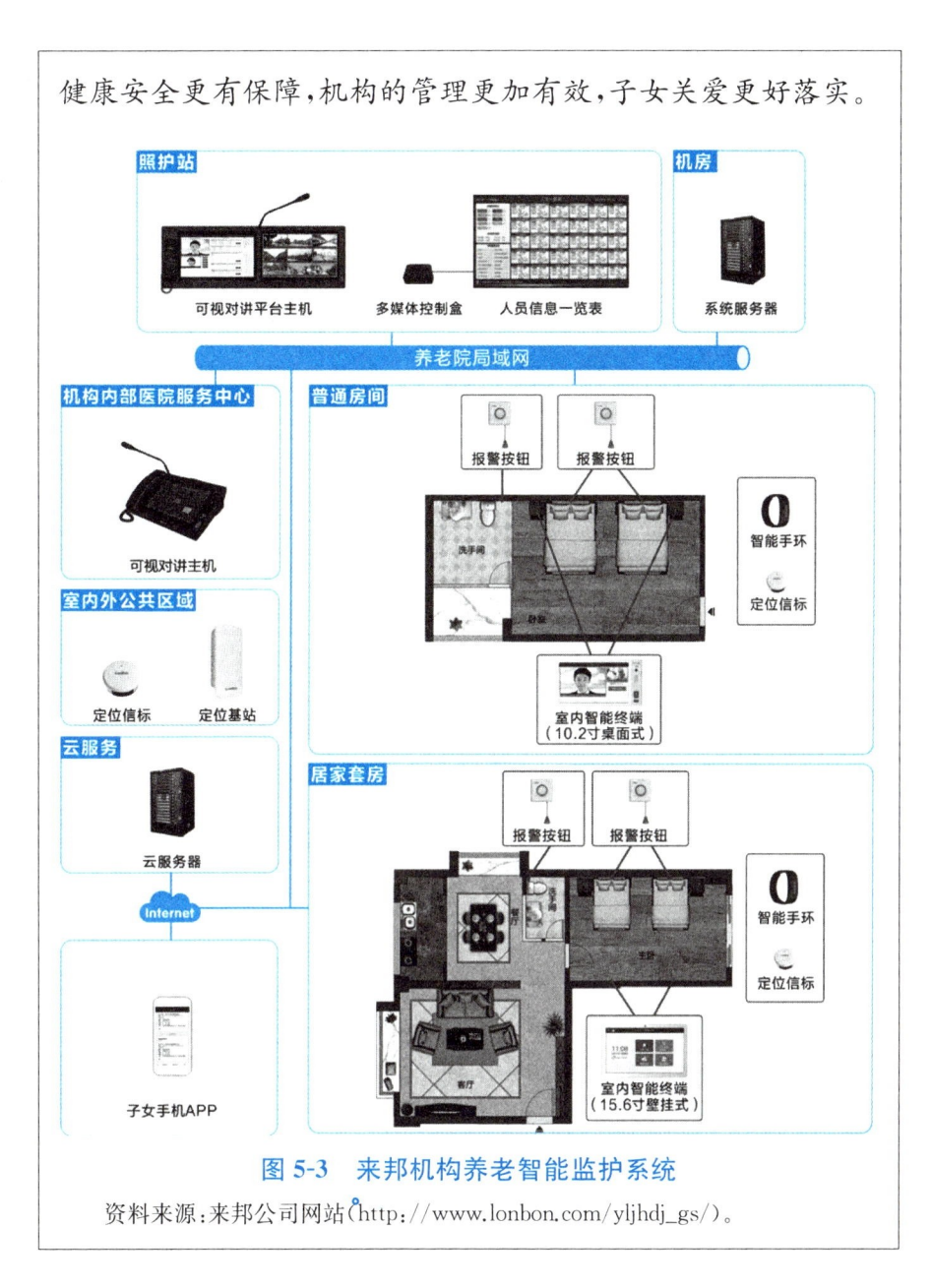

资料来源:来邦公司网站(http://www.lonbon.com/yljhdj_gs/)。

发展多样化、多层次的新型养老服务。发展家庭养老和社区居家养老为主、机构养老为辅的养老格局,健全养老金融、职业护理、志愿服务多主体参与的老年服务体系,针对中心城区老年人口总量高、比重大的特点,完善中心城区社区养老院、长者照护之家、日间照料中心、老年活动室等,发展小规模、多功能性居家养老服务。发展老年友好医疗护理体系,建设"30分钟养老护理社区",提升医疗服务的可及性,完善家庭医生制度,建立全覆盖的养老护理保险制度,完善养老护理人员职业体系。发展智慧养老服务,引入物联网、传感网络通信等技术,打造"上海市智慧社区居家养老系统平台",实现养老服务智能响应,打通养老服务最后一公里,探索医养结合服务模式,将医疗机构、社区、养老院智能互联。

建立上海公共服务信息综合平台。依托上海大数据中心,建立"上海市公共服务监测预警体系",集成公共服务设施分布、服务范围、服务能力、居民公共服务需求等综合功能,依据各类公共服务供需情况、空间分布,形成城市公共服务预警结果,提出公共服务优化方案。

三、对标国际标准提升垃圾管理能级

对标全球城市,提升垃圾管理能级,"要下大决心推进生活垃圾分类,更好发挥社区基层和自治组织作用,采取更加有效的措施,推动形成良好的垃圾分类习惯"。

大力推广生活垃圾分类知识,让环保理念从家庭垃圾分装开始深入人心;让孩子从小就要学会辨认垃圾,学习不同垃圾的处理方法;为家庭发放免费垃圾袋,并标注家庭编号,通过设立"绿币"等形

式对按照分类投放垃圾的居民予以奖励,对垃圾投放错误的家庭予以处罚。

对非居民用户推行垃圾计量收费,实行分类垃圾与混合垃圾差别化收费等政策,提高混合垃圾收费标准,力争到2025年适时开展对具备条件的居民用户实行计量收费和差别化收费,不断健全和完善垃圾分类处理体系;加强对垃圾收运公司业务指导和人员培训,对于不按规定分类收集运输垃圾的企业和工作人员实行处罚。

表 5-2 国外垃圾分类方式

国家	类别	类别划分
日本	4类	可燃垃圾;不可燃垃圾;大型垃圾;瓶和罐子等器皿
英国	3类	黑色:普通生活垃圾;绿色:花园及厨房垃圾;黑色小箱子:玻璃瓶、易拉罐等可回收物
美国	2类	绿色:可再生利用垃圾,如酒瓶、饮料瓶、易拉罐等;黑色:不可回收利用垃圾,如剩菜剩饭、菜根、果皮等生活垃圾
澳大利亚	3类	红色:其他垃圾;黄色:可回收资源,包括塑料瓶、玻璃瓶等;绿色:清理花园时剪下来的草、树叶、花等
德国	4类	棕色:有机垃圾;蓝色:废纸;黑色:剩余垃圾;黄色:标有绿色圆点回收标志的商品包装
比利时	3类	白色:厨余垃圾等无法回收的垃圾;黄色:旧报纸、纸质广告宣传品等;绿色:园林垃圾

专栏 5-3：国外通过立法、惩罚等措施推进垃圾分类管理的经验

1. 德国：垃圾分类，重立法更重执法

在敦促实施生活垃圾分类方面，德国采取"连坐式"的惩罚措施。如果垃圾回收公司的人员发现某一处垃圾经常没有严格分类投放，会给附近小区的物业管理员以及全体居民发放警告信。如果警告后仍未改善，公司就会毫不犹豫地提高这片居民区的垃圾清理费。收到警告后，物业与居民自管会将组织会议，逐一排查，找到"罪魁祸首"，要求其立即改善。即便不敢承认，犯错的居民也会为了不缴纳更高的清理费，乖乖遵守分类规则。

根据德国联邦环境局数据，2000—2012年间，德国垃圾排量减少了18%。2014年的一项调查显示，90%的德国人会自觉遵守垃圾分类规则；近80%的德国人认为，为环保作贡献对个人来说都很重要。如今，德国垃圾再利用行业每年创造410亿欧元产值，生产部门的垃圾被重新利用的比例平均为50%。垃圾回收已经成为德国人的环保"标签"之一。

2. 美国：以法律手段推进垃圾分类

在美国，垃圾的分类和处理不只有详细的法律规定，而且有科学的管理方法。1965年，美国制定了《固体废弃物处置法》，1976年修订更名为《资源保护及回收法》，1990年又推出了《污染预防法》。这些法律不仅确定了资源回收的"4R原则"，即 recovery（恢复）、recycle（回收）、reuse（再用）、reduction（减量）；而且将处理废弃物提高到了事先预防、减少污染的高度。美国50个州在遵循联邦立法的前提下,各自制定了适合本州的地方立法,形成了有法可依、社区管理和居民自觉维护环境相结合的垃圾处理机制。

在美国乱丢垃圾是一种犯罪行为。各州都有禁止乱扔垃圾的法律,乱丢杂物属三级轻罪,可处以300—1 000美元不等的罚款、入狱或社区服务(最长一年),也可以上述两种或三种并罚。

3. 比利时:对垃圾不分类的居民予以重罚

比利时拥有较为完善的、严格的垃圾管理制度。例如,在没有安放垃圾集中回收箱的地方,垃圾回收服务就必须延伸到各家各户的大门口。如果居民违反了垃圾分类规定,就需要缴纳高额罚款。当回收人员发现有人没有按照规定进行垃圾分类,他们会在垃圾袋上贴一个拒收的标志作为警告,让居民重新对垃圾进行分类。如不改正,当事人将面临60—600欧元不等的罚款,罚款金额将综合未分类垃圾的体积、是否"惯犯"等多种因素得出。

此外,如果居民在非回收时间提前堆放或非法倾倒垃圾,也会面临数额不等的罚款。比利时政府希望通过惩罚措施强化公众的垃圾分类意识。

资料来源:王如君、冯雪珺、吴刚等:《美国、德国、新加坡、比利时四国垃圾分类成功案例详解》,https://www.sohu.com/a/136054070_736883。

第五节　推进城市生态环境持续均衡改善

改革开放40多年来,上海环境保护与城市经济发展水平均不断提升,两者关系也不断优化。当前,上海正处于打好污染防治攻坚战、构建令人向往的生态之城的历史进程。上海要建设卓越的全球城市,将吸引更多的全球优质资源,这对城市良好的生态产品有很高的期待和要求。面对生态环境领域存在的不平衡不充分问题,新时代上海只有实施生态优先、建设美丽上海,才能使上海成为具有全球影响力的资源配置中心。上海应推进生态环境质量持续均衡改善、全面提升,形成均等化的优质生态产品供给,进一步提升生态环境保护水平、优化环境与经济发展关系,打造绿色环境最优的生态之城,为建设美丽上海提供支撑。

一、因地制宜增加优质生态产品供给

郊区大力推进郊野公园建设,优先选择毗邻新城和大型居住社区的地区,以及交通条件较好的地区,逐步提升郊野公园建设水平,完善郊野公园的配套服务设施,将其作为上海生态之城建设的重要组成部分。

针对中心城区生态空间高度稀缺的特点,以提升各类自然资源的生态服务能力为导向,积极推进立体绿化建设,加快推动开放式的屋顶绿化和垂直绿化,上海市及各区政府共同出资(分别

占总经费的 20%)给予屋顶绿化养护经费支持,对具备条件的房屋全面推进屋顶绿化和太阳能屋顶建设,建设利用屋顶的绿色农场,利用空置商务楼宇发展垂直农场,打造立体绿色城市,发挥其美化城市景观、降解大气浮尘、减轻雨洪压力、缓解城市热岛效应的生态环保功能,让城市融入绿色,让城市回归自然。力争到 2035 年,城市屋顶绿化面积占比达到 10%,达到 2015 年德国慕尼黑的水平。

专栏 5-4:国外立体绿化建设经验

1. 德国:新建筑平顶必须做屋顶绿化否则不准建设

德国从 20 世纪 50 年代就推广屋顶绿化,在目前世界上有关"建筑物大面积植被化"的科研开发和技术成果中,大约有 90% 的专利都是属于德国。政府立法要求新建筑平顶必须做屋顶绿化,否则不准建设;老的建筑屋顶进行屋顶绿化,会得到补助金。德国采取了政府和业主共同出资进行屋顶绿化的办法,政府补贴 25% 的绿化经费。但各个区的鼓励政策有所不同。在城市重点地区内,为确保屋顶绿化的实施,制定了对建筑所有权者实行 5 年内固定资产减轻税 50% 等的特例措施。该国还进一步更新楼房造型及其结构,将楼房建成阶梯式或金字塔式的住宅群。当人们布置起各种形式的屋顶绿化后,远看如半壁花山,近看又似斑斓峡谷,俯视则如同一条五彩缤纷的巨型地毯,令人心旷神怡,美不胜收。

2. 日本：设计大楼必须有绿化计划书

1991年4月，东京都政府首先颁布了城市绿化法律，规定在设计大楼时，必须提出绿化计划书。1992年6月，又制定了《都市建筑物绿化计划指南》，使城市建筑物的绿化更为具体。2001年5月，日本建设省增加城市绿化保护和开始在规划区增设绿化体系的法律条款，优先发展地区绿化。优先绿化建筑区的面积要在5年内超过1 000平方米，如果绿化建筑区的面积超过20%，用于绿化的设施在市政财产税上减免50%，楼顶绿化同样适用上述条款。东京市政府在2000年修改了自然保护条例，规定不管是新建还是改建的建筑物，都有义务进行屋顶绿化。2001年还出台政策规定，业主在新建和改建占地面积1 000平方米以上的民间设施和250平方米以上的公共设施时，必须绿化屋顶可利用面积的20%。否则开发商就得接受罚款。

为了使东京成为21世纪的绿色城市，日本在绿色屋顶建筑中采用了许多新技术，例如采用人工土壤、自动灌水装置，甚至有控制植物高度及根系深度的种植技术。

3. 法国：绿化屋顶列入城市规划

法国政府已开始为绿化屋顶提供一定的资金，法国首都巴黎还将绿化屋顶列入其城市规划。

4. 美国：政府出资给建筑做屋顶绿化

芝加哥市政府要求融资建造的新建筑必须引进屋顶绿化，同时政府从50万美元的融资池中拿出10万美元作为配套资金

> 提供给市中心建筑进行屋顶绿化的开发商,如今该市有200个屋顶绿化项目,总面积200万平方英尺。华盛顿和马里兰州的苏特兰(拥有巨大绿色屋顶的美国海洋大气管理局大楼在此)目前在美国的许多大城市,绿色的屋顶随处可见,各大超级市场的护栏、建筑物墙上等都植有绿木花草,想方设法来增加绿量。
>
> 资料来源:陈其林:《空中花园:国外的立体绿化》,《宁波经济:财经视点》2015年第4期。

二、见缝插针布局打造绿色生态景观

推进废弃地和闲置地打造绿化景观。结合城市更新和城市现状值土地挖潜,将城市废弃地纳入整治范围,以见缝插针的方式增绿,针对裸露的土地、道路进行补绿,打造新景观,在住宅区周边规划建绿的一些道路与小区之间或者沿河的狭长地块,提高城区绿化率和品质。优化绿地资源的空间分布,构建以河流和道路为骨架,以公园、绿地为支撑的自然生态系统。通过文绿结合、体绿结合、拆违建绿等方式,打造多样化绿色生态体系。

针对中心城区用地紧张、人流量大等特征,见缝插针地建设一批以小型绿地、小公园、街心花园、社区小型运动场所等为主、城市随处可见的"口袋公园"(又被称为迷你公园、绿亩公园、袖珍公园、小型公园、贴身公园等),让市民以自身更亲切的尺度去缓解高密度建设对人们所形成的压力。

专栏 5-5：口袋公园与传统公园的区别

规模小：对于口袋公园的规模，学界目前没有明确界定。根据经验，美国口袋公园占地多在 800—8 000 平方米之间，参考我国公园设计规范对面积最小公园的规定，一般认为口袋公园的规模在 400—10 000 平方米之间。

功能"少"：区别于综合公园的多功能，口袋公园的使用者主要从事的是简单而短暂的休憩活动，如饭后散步、小坐或儿童游戏等。功能"少"并不是功能单一，而是结合本地使用者的需求极具针对性。

人性化尺度：口袋公园中使用者的活动多以日常、高频率的活动为主，这要求公园内各种设施符合人们日常使用的尺度习惯。在高强度开发区中"见缝插针"的口袋公园，以自身更亲切的尺度去缓解高密度建设对人们所形成的压力是非常必要的。

多样化场所：口袋公园多存在于高强度开发的城市中心区，承受大量的人流，因此需要尽可能设置多种功能相互支持来满足人们的各种使用需求。场所的多样性主要体现在公园里多样化的活动。

社会性突出：口袋公园依赖本地人口的使用，可达性要满足使用者可以通过步行而很快到达，并承担大量本地人口的日常交往和社会活动。和传统公园相比，口袋公园要求设计师更加了解社区的组成关系和使用者的需求习惯。

> **延伸阅读：美国 Havenhurst 口袋公园**
>
> 美国加利福尼亚西好莱坞的 Havenhurst 公园是在紧密的城市环境中建造公共空间的一个具有独创性的设计典范。这个 6 500 平方英尺的口袋公园建在一个私人停车场上。这个设计把南加利福尼亚各种各样的生态注入显著的座位区和聚集区当中。在这里设计师将植被、水景和公共艺术结合建造出一个可持续发展的绿洲，离日落大道南部只有几百英尺。
>
> 资料来源：《见缝插针的景观设计美国口袋公园》，《东方头条》，http://mini.eastday.com/a/180814072229300.html。

三、多管齐下促进水质得到根本改善

完善水环境基础设施，推进雨污水管分流改造和污水管网完善，加快推进全市雨水泵站的旱流截污改造，减少泵站放江量，通过截污、扩容、升级等方式完善城市污水处理系统。推进全市污水处理厂功能调整，将中心城区污水统一接入白龙港污水处理厂集中收集和无害化处理。加强城市面源污染治理，着力解决市政管网雨污管网混接问题，削减城市面源污染。

加强河道岸线整治与水生态修复，推进骨干河道生态廊道建设，修复生态岸线，优化驳岸设计，形成连续畅通的公共岸线。推进黑臭河道综合整治和中小河道生态治理，加强河道疏浚工作，充分利用上海城市河网空间肌理，美化、绿化、净化河岸和水体，加强城市河网水景营造,塑造清水环绕、绿意盎然的城市图景。

加大河道综合整治力度,采取河道疏浚、拆除通道违建、截污改造、生态修复等措施,对河道进行治理。通过清淤疏浚、截污纳管、生态修复等工程整治,全力推进黑臭水体、中小河道综合治理,促进水质持续向好改善,确保全市河道基本消除劣Ⅴ类水体,大幅提升满足市民游憩的水道比重。

四、抓细抓实巩固大气污染防治成果

深化实施上海市清洁空气行动计划,改善环境空气质量。重点推进工业污染综合治理、流动源污染治理、扬尘污染防治、社会生活源整治等,严格大气污染物总量控制,深化多种大气污染物的协同治理,持续降低主要大气污染物(二氧化硫、碳氧化物、烟粉尘、挥发性有机物等)的排放量。

推进绿色交通发展,加强机动车污染防治,巩固清洁能源替代成果,加强工业源挥发性有机物治理,进一步推进老旧车辆淘汰,实施普通柴油用品升级,强化港口船舶大气污染防治等,减少流动污染源对空气环境质量的影响。

加强新兴业态的污染防治,重视新技术、新业态产生的新污染防治,提升邮轮在港污染防控和治理水平。

深化近郊区扬尘污染防治,加大装配式建筑推广力度,强化建设工地扬尘污染在线监管,推进堆场、混凝土搅拌站整治;推进重点道路扬尘污染治理,加强渣土运输车辆密闭防漏改造,严查严处重型运输车辆超载超速等违法违规行为,提高道路日常保

洁质量。

第六节　倡导和培育绿色低碳的生活方式

上海需要强化在城市生产生活各个领域绿色发展理念,大力发展新业态、新模式,打造绿色供应链,倡导绿色消费理念,积极鼓励发展共享经济,逐步建立和完善共享经济市场体系,制定鼓励共享经济企业发展的政策,完善共享经济监管机制,避免共享经济在发展过程中过度消耗与浪费资源。

一、提高绿色环保产品的认定和普及

设立绿色环保产品的推广目录,大力推广节能、节水、节材产品,通过补贴、税费优惠等措施提升绿色产品的竞争力,引导企业逐步清退过度包装产品和容易造成水体、土壤污染的一次性产品。加强绿色产品研发,鼓励和支持企业开展产品全生命周期管理,以生产企业为主体对产品进行使用跟踪、回收和再利用。

倡导政府机关及其所属事业单位、科教文卫等公共机构开展绿色采购,严格执行节能环保产品强制采购制度,推广环保再生纸、再生办公用品等资源再利用产品。以信息技术带动办公方式的绿色转型,在政府机构、国有企业试点推广无纸化办公、远程会议和分布式办公。加大绿色环保产品的宣传普及力度,增强居民对绿色环保产品的认可程度,引导和鼓励居民选用可回收产品、环境友好产品,

提高节水、节能产品的普及率。力争到2025年和2035年,新建公共建筑按照绿色建筑二星级及以上标准建设的比例分别达到≥70%和≥100%,绿色低碳的生活方式得到广泛认同,新建建筑全部执行绿色建筑标准,政府全面实现绿色采购。

二、完善绿色低碳出行基础配套设施

采用新媒体和市场营销手段大力宣传绿色低碳出行理念,将绿色出行与时尚健康的生活方式相结合,提升居民绿色出行的积极性,引导居民选择公共交通和自行车出行。开展出行信息普查和调研,并在此基础上进一步优化公共交通线路,提升公共交通频次和运力,提高公共交通出行的便捷性。探索试点定制公交服务,加快建立快速公共交通系统,着力推进公交枢纽站、公交专用道、"最后一公里"社区公交和有轨电车建设,完善公共交通站点附近的交通配套设施。

积极推进慢行交通系统建设,率先在黄浦江滨江地区建设试点慢性交通设施,完善交通信号灯、路口等候通行标识、专用车道等自行车交通设施,增强自行车出行的便捷性和安全性。加强互联网租赁自行车的管理,建立非机动车管理测评机制,推动共享单车有序停放、定期维护,提升共享单车的安全性和规范性。

探索试点交通拥堵收费制度、停车位总量限制、累进的停车收费制度,在中心城区交通压力较大的区域开展试点,出台高峰期拥堵路段的交通管制和分流措施,进一步优化路网结构。鼓励推广新能源汽车,完善公共充电桩等新能源汽车的配套设施。

三、引导共享消费模式的规范化发展

通过宣传和教育加快普及绿色消费、共享消费的理念,积极鼓励共享经济的规模和服务领域扩展,逐步建立和完善有多个细分领域构成的共享经济市场体系。引导和规范共享经济的发展,制定鼓励共享经济企业发展的政策,从上海市财政中划拨资金并引进社会资本共同设立共享经济企业发展基金,完善共享经济监管机制,规避产品和服务共享带来的社会问题和产权纠纷,保障企业和消费者的利益,避免共享经济在探索发展过程中过度消耗与浪费资源,未见其利而先见其弊。

第七节 加强不平衡不充分的监测与管理

2021年,上海市正式对外发布《关于全面推进上海城市数字化转型的意见》,全面推进数字化转型是上海面向未来塑造城市核心竞争力的关键之举。城市数字化转型为动态监测发展不平衡不充分问题提供了技术基础和实现方向,上海应加强不平衡不充分的监测与管理,及时监测预警突出的不平衡不充分问题,动态监测不平衡不充分问题不断改善的进程,依托大数据分析管理对象动态变化的内在规律,为精准化地配置公共资源提供决策支撑。

一、构建不平衡不充分发展监测指数

为了能用计量的形式科学地描述一定时期内经济社会发展不

平衡不充分的状况，建议借鉴 OECD 的民生福祉指数，构建由上海市统计局牵头设计，发改委、经信委、人社局等部门共同参与，由各种量化指标组成的评价体系，动态监测发展不平衡不充分问题不断改善的进程，反映城市在化解不平衡不充分方面做了哪些工作、取得了哪些成绩、存在哪些困难、还需要继续作出哪些努力等。通过指标导向和统计调查体系的完善，解决数据缺失、数据口径变化多等问题，更好地服务于现代化经济体系建设和经济高质量发展。

二、精准化分析城市要素和服务需求

政府管理部门对管理要素的精准化掌握，并进行全面、准确、精准的统计分析，是实现精细化管理的基础，尤其是掌握人口属性，以及房屋、车辆、交通、基础设施、公共服务、公园绿地等的类型、属性与空间分布等信息，实时掌握各类要素的分布与动态变化。同时，调查评估市民社会服务需求，平衡公共服务等的供给与需求，精准化地满足不同群体的差异化、个性化服务需求。可以每三年开展一次针对全市不同年龄、不同收入水平、不同区域、不同职业人群的综合性（公共设施、教育、科技、文化、卫生、体育、养老、娱乐、交通、公园绿地等）和专业性相结合的需求调查，通过调查数据分析评估，掌握城市发展各类服务供给的不平衡不充分问题，也为精细化管理和城市服务有效供给做好充分准备。

三、标准化助推城市精细化管理水平

制定和出台《上海市城市精细化管理标准》和《关于全面推进上

海城市精细化管理的实施意见》，依法对管理内容、管理目标、标准、流程过程、分工、职责、信息公开等进行明确要求，实现"全行业覆盖、全时空监控、全流程控制、全手段运用"的高效能管理，以便推动城市管理从人为化评价走向集约化、定量化评价的精细化管理。以"精明行政"理念为引导，用宏观政策精准化促进微观领域的精细化，注重结合城市管理的"过程"与"结果"、"管理"与"服务"，协同推进，把精细化的要求体现到规划、建设、管理和服务的全过程中。

四、协同化推进数据信息的整合共享

加大政府管理部门信息系统的无缝对接，依托"上海大数据中心"构筑城市数据交换中心或"城市大脑"系统，实现多部门数据在后台的互联互通、有机整合与共享，打造类似"数字纽约"的综合性网络信息平台，消除信息孤岛，让居民和市场主体通过一个窗口实现全城通办、全程办理，真正实现"让数据多跑路、让人少跑路"的目标。加大政府数据开放力度，鼓励社会数据应用的技术创新，在多领域、多层面开发实用有效的互联网＋服务管理技术，全面提高城市管理的智能化、智慧化水平。政府管理部门在掌握拥有管理要素的所有数据以后，要对大数据进行深度挖掘，分析管理对象动态变化的内在规律，为精准化地配置资源、提高管理效率提供有力的决策支撑。[1]

---

[1] 陶希东：《增强城市精细化管理水平　让人民群众生活更美好》，https://www.yicai.com/news/5389746.html。

附件

一、基于国际顶级大都市比较的不平衡不充分问题

回顾历史,上海作为中国最大的经济中心城市,在 21 世纪初明确了建成国际经济、金融、贸易和航运中心的基本框架和现代化国际大都市的战略目标,经过近 20 年的发展,其"四个中心"建设已基本形成,战略目标已初步实现。展望未来,将上海发展成为全球科创中心,构建有重要影响力的全球城市是新时期国家培育新动能、实现创新驱动的重大战略部署。同时,地处海陆丝绸之路交汇带,上海在国家"一带一路"建设中如何发挥桥头堡作用,实现对内引领创新型经济发展、对外促进国际合作至关重要。

作为全球化时代中资本、人才、知识等核心要素的集聚区,全球城市的研究及发展是国内外学者、研究机构和政府部门的重要议题。针对这一背景,上海市政府自 2014 年 5 月启动上海城市规划

编制工作,2017年完成报告并获国务院批复,2018年1月4日正式发布了《上海市城市总体规划(2017—2035年)》(简称"上海2035"),明确指出要努力把上海建设成为卓越的全球城市,令人向往的创新之城、人文之城、生态之城,具有世界影响力的社会主义现代化国际大都市。因此,厘清上海在经济、社会和生态等领域的发展现状,判断其在建设卓越全球城市过程中的主要不足和短板,有助于上海未来迈入卓越的全球城市之列,建成更具活力的创新之城、更富魅力的人文之城和更可持续的生态之城。

大量学者和多家研究机构选取不同的指标体系来衡量世界各国的城市是否已发展成为全球城市及其发展程度的排序。其中,较为知名的有英国拉夫堡大学的世界城市体系(Globalization and World City,GaWC)、日本森纪念财团城市战略研究所的全球城市实力指数(Global Power City Index,GPCI)、英国科尔尼公司的全球城市指数(Global City index,GCI)、英国智库经济学人情报中心的全球城市竞争力指数(Benchmarking Global City Iompetitiveness,BGCI)等。

(一) 总体情况对比

伴随着综合实力的发展,上海近年来经济、金融、高科技等相关产业不断发展,其国际知名度与认可度不断提升,然而与世界顶级城市纽约、伦敦、巴黎和东京等横向对比尚存在显著差距。无论是在GaWC(2016)、GPCI(2017)、GCI(2015)、BGCI(2012)、WCoC(2008)等多个国际研究组织相关报告中,还是中国社科院财经战略研究所和联合国人类住区规划署共同完成的《全球城市竞争力报告

(2017—2018)(*Global Urban Competitiveness Report*，GUCR)》中,上海排名均相对靠后。

表 1　全球城市相关指数排名

评测内容	GUCR (2017—2018) 经济竞争力	GUCR (2017—2018) 可持续竞争力	GaWC (2016) 网络关联度	GPCI (2017) 综合指数	GCI (2015) 全球城市指数	BGCI (2012) 综合指数	WCoC (2008) 全球商业中心
纽约	1	1	2	2	1	1	2
伦敦	4	2	1	1	2	2	1
巴黎	21	9	5	4	3	4	7
东京	7	3	7	3	4	6	3
上海	14	27	9	15	21	43	24

上海既面临新时期转型发展的机遇与挑战,又面对着与顶级全球城市的显著差距。本研究选取在各类全球城市排名中均位于顶端的纽约、伦敦两大全球城市作为标杆,从"上海2035"规划建设的创新、人文和生态三方面具体对标纽约、伦敦,分析当前上海发展中存在的问题与短板。首先,从综合数据看,上海在人口、就业岗位和城市发展空间方面均大于纽约、伦敦,但地方生产总值却远低于它们,直观反映了上海人均产值不高的现状。

(二)创新发展领域对比

早期,学者霍尔、弗里德曼[1]等人均指出全球城市首先要是一

---

[1] Friedmann J. "The world city hypothesis". *Development and Change*，1986，17：69—83.

个国家的贸易中心、金融中心,总部经济明显。随着全球化的发展,知识经济与创新经济兴起,全球城市研究的核心从早期的关注经济实力转变为创新能力与经济实力的双重衡量。全球城市体系中,科技创新成为重要的标志性功能,纽约、伦敦、东京、香港等金融、贸易和航运高度发达的大都市,近年来也逐步加强对科技创新水平的建设与提升。自金融危机后,纽约意识到以资本为驱动力的发展模式难以为继,进而向以科技创新为驱动力转型,明确了"全球创新之都"的城市定位,现已成长为美国仅次于硅谷的第二大科创中心。[①]伦敦、东京、巴黎也陆续提出向城市科技创新功能转型,并制定相关战略规划。[②]

首先,从全球城市科技创新综合排名来看,澳洲著名智库"2thinknow"根据城市的文化资产(例如入境游客数量、自然环境质量、公共文化设施等)、基础设施(例如交通、银行金融、社会公共服务等)和网络化市场(例如FDI、贸易关系、初创企业等)3个领域共162项反映城市智能、宜居和可持续发展的指标,进行了全球创新型城市评分与排名;中国社科院在《全球城市竞争力报告》中也展开了全球城市的科技创新维度专题排名。在这两个以科技创新发展程度为核心的指标评价体系中上海均相对落后,而在全球城市传统的金融和航运领域,上海已基本达到顶级全球城市建设的水平

[①] 盛垒、洪娜、黄亮等:《从资本驱动到创新驱动——纽约全球科创中心的崛起及对上海的启示》,《城市发展研究》2015年第22期。
[②] 黄苏萍、朱咏:《全球城市2030 产业规划导向、发展举措及对上海的战略启示》,《城市规划学刊》2011年第5期。

(见表2)。

表 2　全球城市创新维度相关指标排名

	2thinknow 全球创新型城市排名（2016—2017）	中国社科院 全球科技创新指数排名（2017—2018）	Long Finance 全球金融中心排名（2018）	国际航运中心 全球航运中心（2017）
纽约	2	2	2	7
伦敦	1	1	1	2
上海	32	20	6	5

其次，在科技创新水平整体落后的情况下，参照"上海2035"创新之城建设的核心指标，进一步分析上海与纽约、伦敦在高科技产业、金融产业增加值、总部经济、国际枢纽发展、交通便捷度等具体维度的差异（见表3）。首先，上海在科技活动从业人员占比方面差距显著，而在金融业增加值方面相对差距较小，因此，上海要参考和借鉴纽约、伦敦在短期内从一个高科技领域的二线城市崛起为全球顶尖科创中心的经验，要从资本驱动向科技驱动全面转型。其次，总部位于上海的世界500强企业数量和境外游客数量也相对较少，这表明上海在全球经济辐射力、国际影响力等方面还有所不足。再次，在网络覆盖率和公共交通分担率两方面，上海发展程度基本与纽约持平，这表明上海的基础设施建设已达标。从相关核心指标反映出上海创新之城的硬件设施基本已达到全球顶级城市水平，但其影响力和科技水平等软件条件还有所欠缺。

表 3 创新之城建设的核心指标

	纽约	伦敦	上海
从事科技活动人员占比	14.7%	14.6%	2.4%
金融业增加值占全市生产总值比例(2013)	14.4%	18.6%	13.1%
世界500强企业数量	16	14	8
年入境境外旅客总量	1906万	1310万	873万
高速无线数据通讯网络覆盖率(2014)	80.2%	94%	85%
公共交通占全方式出行比例(%)	27.2	35.7	25.2

资料来源：OneNYC 2018；http://www.fortunechina.com；https://www.london.gov.uk/。

（三）人文发展领域对比

全球城市的建设具有阶段性，最初全球城市是经济中心，强调贸易、金融等经济指标的发展；随后发展为创新中心，强调科技和知识的重要性；第三阶段，全球城市将成为塑造全球主流文化的中心。纽约、伦敦等全球顶级城市已进入既能塑造全球性主流文化，又能够形成引领全球城市发展方式的阶段。与现实发展相对应的是大量学者、研究机构在构建全球城市指标体系时逐步加入了城市的文化氛围、宜居程度等相关衡量指标。"上海2035"中也明确指出，上海要构建成为更富魅力的幸福人文之城。

文化创意产业高度发展是全球顶级城市的关键特征。一方面，促进文化创意产业发展有利于城市的更新。伦敦、纽约、巴黎、东京等全球影响力较大的城市都是文化创意产业集聚和高度发展的地区，产业特性决定了它能从城市形象塑造、创新人才吸引、先进技术引用和创新等多方面增强城市竞争力。另一方面,文化创意产业能创造巨大的经济效益和就业岗位。从产业发展分析,1990年英国最先提出发展创意产业,之后伦敦提出建设"全球卓越的文化中心"。目前,文化创意产业已成为伦敦的第二大支柱产业,2015年伦敦文化创意产业产出约为420亿英镑,占伦敦经济增加值总额的11.1%,占全国文化创意产业产出的47.4%。以从业人员数量来看,2015年伦敦创意产业占首都所有就业岗位的16.3%。在纽约,文化产业同样是仅次于金融业的第二大产业,文化产业从业人员占总就业人数的8.6%。相较而言,上海文化创意产业尽管实现了2016年增加值3395.39亿元,是生产总值的12.36%,但目前上海创意产业从业人员数量仅占全市总人口的5.4%,远低于世界先进水平。

从全球城市内部而言,宜居城市应该从安全性、便利性和舒适性等方面进一步凸显对城市中生活居民的精神需求、休闲娱乐等方面的满足和实现。本研究参照"上海2035"中人文城市建设的部分核心指标和全球城市宜居度排名,探究上海与顶级全球城市在构建富有魅力的幸福人文之城时的差距。首先,上海的精神享受和休闲娱乐设施总量上均少于纽约与伦敦,但3倍多的人口总基数致使上海万人拥有量远远落后于顶级全球城市。其次,在全球城市生活质量排名中,上海与纽约和伦敦相差较远,排在百名之外(见表4)。

因此,上海在建设和完善城市人文环境方面需要紧抓以人为本的核心,从基础设施配套、相关产业发展、文化氛围塑造和宜居环境打造多方面着手。

表 4 人文之城建设的核心指标

	纽约	伦敦	上海
世界文化遗产	1	4	0
博物馆	142	215	120
美术馆或画廊	613	857	360
大型演出场馆	16	10	—
公共图书馆	—	383	302
全球城市宜居度排名	45	41	103

数据来源：*World Cities Culture Report 2015*；*London cultural strategy 2014*；*Mercer Quality of Living Survey 2018*.

（四）生态建设领域对比

随着全球气候变暖,环境问题日益严峻,绿色发展也成为全球城市影响力评价的重要领域,生态环境从城市发展的限制因子转变为驱动因子,生态环境成为全球城市竞争力的重要方面。近年来,纽约转变观念,努力减少经济对环境的影响。当前,纽约业已建设成为美国最为绿色的城市之一。"上海 2035"城市规划也提出,要将上海建设成为"更可持续的韧性生态之城"。

立足于现状对比上海与纽约、伦敦在生态环境方面的差异。首先,伦敦 2015 年碳排放总量是 3 390 万吨,比 2010 年降低了 20%,比 2000 年高峰期减少了 33%。纽约 2015 年碳排放量为 5 210 万吨,比 2005 年基准线减少了 14.8%。而上海市在《上海市"十三五"节能减排和控制温室气体排放综合性工作方案》中指出,到 2020 年碳排放总量控制在2.5亿吨以内,该值比2015年下降了20.5%,即2015年上海市碳排放总量约为3.15亿吨。其次,当前纽约森林覆盖率为20%,并且3/4的纽约市民居住在离公园0.25千米的范围内;伦敦森林覆盖率高达42%,城市内公园、居住区花园、农地等绿地面积约为63%,面积大于20公顷的大型绿地占总绿地面积的67%。相对而言,上海尽管自2001年启动《上海城市森林规划》后不断增加森林覆盖率,当前已达到16.2%,但总体距离纽约与伦敦还存在较大差距。再次,从PM2.5年均浓度看,2017年纽约已达到5.1微克/立方米,伦敦为13.23微克/立方米(Air quality London),而上海是39微克/立方米,是纽约的近8倍。

上海城市生活垃圾分类减量与国际大都市相比也有很大差距。伦敦一般将垃圾分为生活垃圾、可回收垃圾、建筑垃圾、废旧家具、电器、电池等。生活垃圾包括厨房食物、果皮等不可回收的垃圾;可回收垃圾分类更加细化,包括玻璃瓶、塑料瓶、易拉罐、废旧报纸等;建筑垃圾主要包括房屋建设产生的垃圾,如木材、砖头、泥土等,以及花园垃圾,包括草坪修剪、泥土、树枝、废旧篱笆等;废旧家具包括沙发、柜子、桌子、板凳等;电器是指大型电子产品如电视、冰箱、洗衣机等;而废旧电池又跟以上所有垃圾都不一样,有专门的废旧电池回收箱。纽约将可回收垃圾分成两类:一类是纸和纸板制品,包括报纸、发票、包装纸、信封、图书、各种纸板箱、鸡蛋包装纸盒、纸巾卷等,但不能把被食品污染的纸、精装书、泡沫包装、照片、蜡纸或塑料涂布纸混在其中。一类是金属、玻璃和塑料制品等。金属制品包括家具(椅子、文件柜)、钥匙、锡纸、罐、食品罐、喷漆瓶、锅和锅盖、塑料衣架、塑料瓶、塑料器皿、塑料玩具等,但不包括电池、塑料袋、挤压管和泡沫塑料。这两类垃圾都需装进透明塑料袋或专用的回收箱,装食品的容器都需用冲洗干净。电子垃圾需要送至市专门的回收地点。纽约市政府2015年提出到2030年实现垃圾零填埋。

(五)未来发展目标对比

从纽约、伦敦和上海三大全球城市未来的发展目标来分析,首先,保护生态环境,建设绿色的可持续发展之城是共同的目标,三大城市均指出要降低碳排放总量,并就提高能效、水资源利用、改善空气质量、城市废弃物处理等多方面提出具体要求。其次,在城市人文建设方面,纽约与伦敦城市规划范围更广,内容更具体,从儿童早教、医疗、犯罪到文化设施的应用,政府供给房的数量等均有涉及,更强调以人为本,上海城市规划则相对更为概括,更强调城市整体

表5　纽约、伦敦与上海城市发展的目标愿景

纽约	伦敦	上海
繁荣兴旺的城市	应对经济和人口增加的城市	创新之城
公平公正的城市	参与国际竞争的城市	人文之城
可持续发展的城市	富有机遇的城市	生态之城
富有弹性的城市	使人愉悦的城市	
	环境全球领先的城市	
	有多元便利安全社区的城市	

资料来源:《上海市城市总体规划(2017—2035年)》;*OneNYC 2018*;*The London plan 2016*。

发展水平的提升。在经济与创新领域,纽约规划更强调就业率的提升,伦敦城市规划较为关注经济发展与土地利用、空间增长的关系,而上海规划则更着眼于城市在全球经济发展中的影响力提升。总体来看,三大城市规划的目标愿景与该城市发展的阶段及城市特征密切相关。

二、基于"12345"热线数据的不平衡不充分问题

"12345"市民服务热线是上海市民生活诉求反映最为集中的平台。2017年"12345"市民服务热线共接听市民电话330万个,同比增长23%,网站和手机App受理21万件,同比增长80%。其中,咨询类占43.83%,投诉举报类占32.57%。从市民诉求内容的大类来看,治安交通、住房保障、工商消费、交通港口、绿化市容、城乡建设、卫生计生、人力保障、邮政通信、环境保护等方面的诉求量居多(见图1)。从市民诉求涉及的具体问题来看,交通违章、违法建筑、驾驶员审验、过户上牌、维修添置、身份证管理等方面诉求较多。其中,身份证管理、机关事务工作、交通违章及限流限行等方面诉求增幅较大。

(一)基于年度变化特征的热线问题分析

上海12345市民服务热线2012年正式开通,本研究梳理了

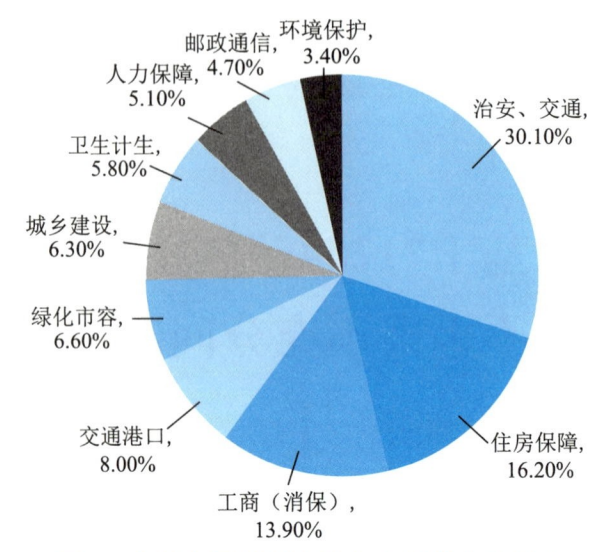

图 1　上海市民热线单日来电诉求内容分布

数据来源：上海市民服务热线网站。

2013—2016年排名靠前的各项来电内容数量的年度变化情况，可以将来电诉求分为上升型、下降型、波动型三类（见表1）。

上升型：交通管理、物业服务管理、违法建筑、社会治安、环境污染等诉求问题在近4年呈上升趋势。特别是交通管理问题占比由2013年的2.42%上升至2016年的15.1%，呈激增态势，这也是上海市于2016年开展交通大整治行动的原因之一。

下降型：劳动保障、绿化市容、商业服务、消费者权益、医疗、教育等问题在近4年呈下降趋势。除了劳动保障领域的问题诉求是一直下降外，其他来电内容数量占比在2014年先有一个上升，然后连续下降。

波动性：社会救助、住房保障、公共交通、养老、通信等问题在近4年呈波动趋势，表现出"上升—下降—上升"的变化特征。虽然是

二、基于"12345"热线数据的不平衡不充分问题

呈波动变化,其中,住房保障和公共交通领域的问题诉求占比总体上还是保持在高位。

除了表中列出的其他16项排名靠前的问题诉求外,其他诉求占当年来电总数的比重由2013年的49.29%下降至2016年的36.60%,说明来电内容不断向表中各项内容集中,反映了上海市民的生活诉求类型不断集中。

表1 各项来电内容数量占当年来电总数的比例 (单位:%)

变化类型	内容	2013年	2014年	2015年	2016年
上升型	交通管理	2.42	4.55	14.01	15.10
	物业服务管理	3.99	6.04	5.31	6.16
	违法建筑	2.57	4.06	3.53	3.60
	社会治安	1.67	2.44	2.60	2.56
	环境污染	1.25	2.21	2.05	2.20
下降型	劳动保障	9.24	8.25	6.32	6.09
	绿化市容	5.40	5.81	4.66	4.24
	商业服务	3.89	4.43	3.22	3.21
	消费者权益	1.94	2.49	1.86	1.78
	医疗	1.26	1.79	1.27	1.18
	教育	1.21	1.33	1.12	1.02
	社会救助	0.19	0.30	0.20	0.19
波动型	住房保障	9.84	10.82	9.64	10.93
	公共交通	4.41	4.35	2.79	2.88
	养老	0.14	0.21	0.16	0.15
	通信	1.29	1.42	1.47	1.25

数据来源:上海"12345"市民服务热线。

（二）基于空间分布特征的热线问题分析

上海市各区市民来电反映的诉求既有相似性，也表现出一定的空间差异，根据"12345"热线反馈给各区来电内容的构成来看，热线来电诉求的空间分布特征表现在以下方面：

一是中心城区市民住房保障诉求大于郊区。2016年，中心城区市民热线的问题诉求中，住房保障诉求占比总体上超过25%，而崇明、青浦、金山、宝山等区市民住房保障诉求占比低于20%。这反映了住房保障问题更为中心城区市民所关注。

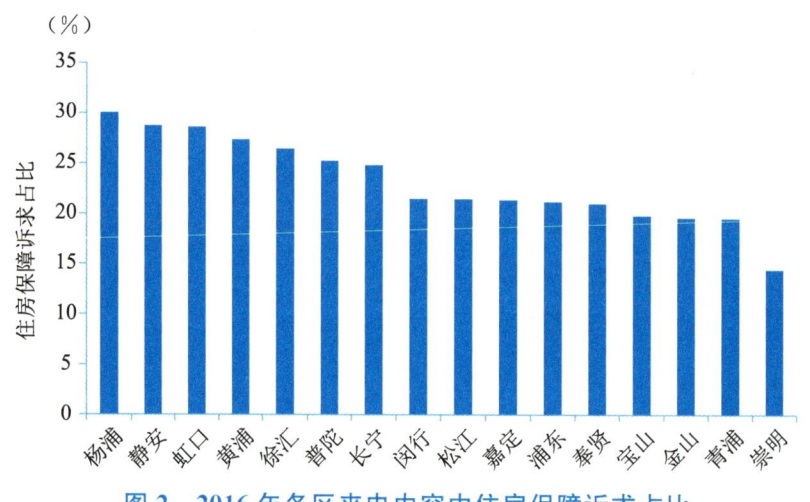

图2 2016年各区来电内容中住房保障诉求占比

二是中心城区市民城市管理诉求大于郊区。各区城市管理诉求占比总体处于低水平，但中心城区和郊区的不平衡特征还是比较明显。2016年，中心城区市民热线的问题诉求中，城市管理诉求占比在3.5%以上，其中，徐汇、静安的城市管理诉求占比在5%左右，而崇明、金山的城市管理诉求占比在1.6%以下。这反映了城市管理问题更为中心城区市民所关注。

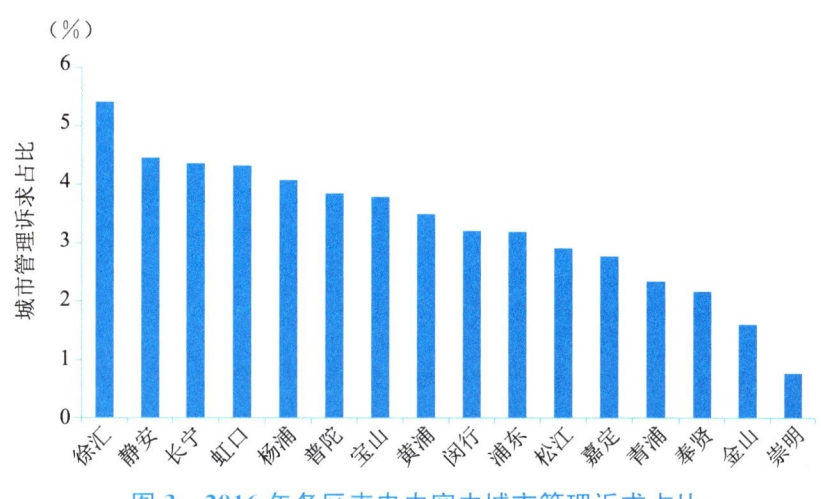

图 3　2016 年各区来电内容中城市管理诉求占比

三是中心城区市民物业服务管理诉求大于郊区。各区物业服务管理诉求占比总体处于相对较高水平,中心城区和郊区的不平衡特征同样存在。2016 年,中心城区市民热线的问题诉求中,物业服务管理诉求占比在 15% 以上,其中,杨浦、徐汇的物业服务管理诉求占比超过 19%,而崇明、金山的物业服务管理诉求占比在 8% 以下。这反映了物业服务管理问题更为中心城区市民所关注。

四是郊区市民的违章建筑问题诉求大于中心城区。各区反映的违章建筑问题占比均处于相对较高水平,郊区违章建筑问题占比相对较高。2016 年,中心城区市民热线的问题诉求中,违章建筑问题诉求占比在 10%—13%,而郊区违章建筑问题诉求占比相对较高,其中崇明违章建筑问题诉求占比超过了 30%。这反映了违章

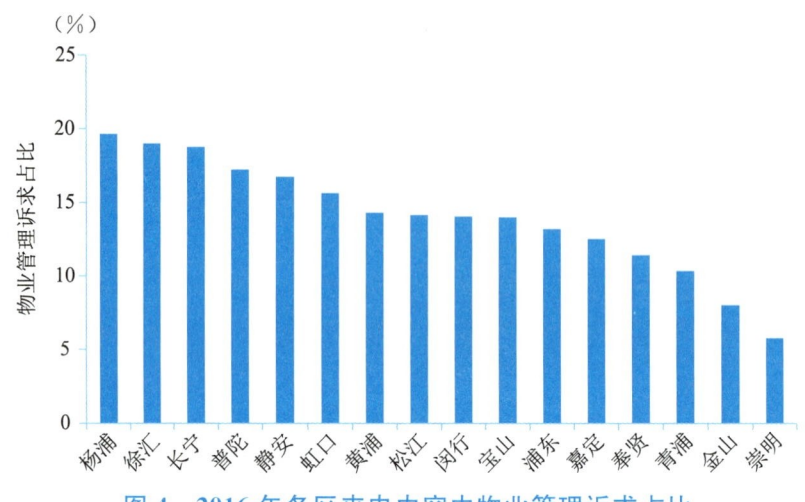

图 4 2016 年各区来电内容中物业管理诉求占比

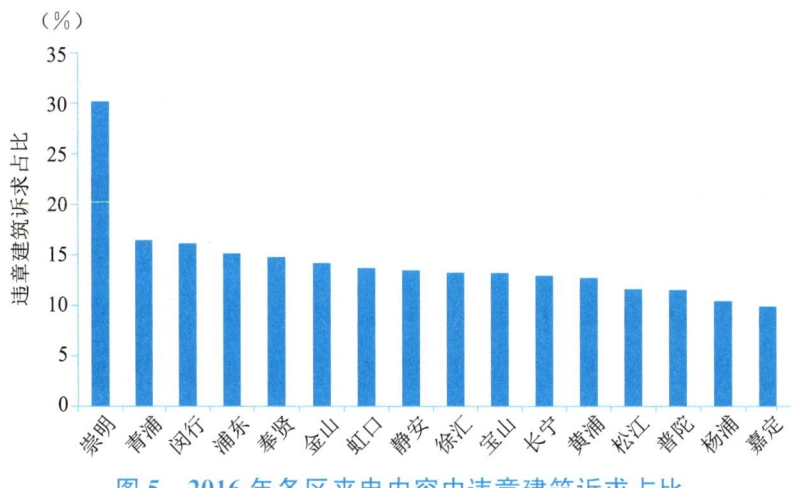

图 5 2016 年各区来电内容中违章建筑诉求占比

建筑问题在郊区表现更为突出,这与大量违章建筑分布在城乡接合部有很大关系。

五是郊区市民的社会治安诉求大于中心城区。各区反映的社会治安问题占比整体处于较低水平,反映了上海社会治安形势总体良好。但从现有的社会治安热线诉求的空间分布来看,郊区社会治安诉求问题占比相对较高。2016年,中心城区市民热线的问题诉求中,社会治安问题诉求占比在0.8%以下,而郊区社会治安问题诉求占比相对较高,其中,青浦和嘉定社会治安问题诉求占比在1.4%以上。原因可能是郊区人员构成复杂,流动人口多,各种社会矛盾多发,社会治安压力相对中心城区要大。

图6 2016年各区来电内容中社会治安诉求占比

（三）基于部门分布特征的热线问题分析

上海"12345"市民服务热线来电诉求内容可细分为1 000多个条目,根据热线平台对各委办局派发的工单数量可以了解当前上海市民的诉求主要集中在哪些领域。从表2可以看出,2017年,公安局、交通委、工商局三家单位接收的工单量占到全部工单量的50%,反映了该3家部门是与市民生活诉求最密切相关的职能部门,与之有关的诉求集中在交通违章、驾驶员审验、过户上牌、身份证管理、消费维权等生活领域的问题。从派发工单量前20位的委办局名单来看,住房、卫生、社保、食品、药品、环保、城建、通信、水、电、地铁交通等均是市民来电反映诉求较为集中的领域。

表2 2017年"12345"热线对各委办局派发工单情况

排序	承办单位	派发工单量（件）	占比（%）
1	市公安局	282 788	28.9
2	市交通委	110 101	11.3
3	市工商局	98 310	10.1
4	原市住房保障和房屋管理局	52 951	5.4
5	市卫计委	52 107	5.3
6	市人力资源和社会保障局	41 905	4.3
7	市食品药品监管局	39 011	4.0
8	市环保局	33 258	3.4
9	市绿化和市容管理局	24 136	2.5
10	原市建设和管理委员会	21 796	2.2
11	市税务局	21 070	2.2
12	中国电信上海分公司	18 803	1.9
13	电力热线	16 454	1.7
14	上海移动通信公司	13 683	1.4
15	市水务局	13 083	1.3
16	上海市质监局	11 256	1.2
17	申通集团	10 914	1.1
18	供水热线	9 645	1.0
19	邮政局	9 383	1.0
20	市公积金管理中心	6 660	0.7

数据来源：根据上海市民服务热线网站（http://www.sh12345.gov.cn/WBJ/index.jhtml）数据整理。

"12345"热线来电内容所反映的市民生活诉求,除了因生活水平提升而产生的客观生活需求之外,还有一些诉求与政府政策调整有关。如违章建筑是近年来上海市各个区居民均反映强烈的问题,2014年,"12345"共受理市民有关违法建筑的来电67 433件,同比增长54%,其中,投诉举报类比重由2013年的78%上升到2014年的89%,来电量由2013年的34 028次上升到2014年的59 998次,涨幅达76%。除去违法建筑本身诉求总量上升的因素外,还由于2014年市政府出台了一系列拆违政策法规,极大地提升了市民对整治社会顽症的信心,不少市民多次来电反复确认拆违进度。因此,在"12345"热线来电诉求分析的基础上,还需要开展市民美好生活需要调查,全面了解新时代上海市民美好生活需要的内容、不同群体及不同区域的生活需要差异。

三、基于市民美好生活需要调查的不平衡不充分问题

着力解决好发展不平衡不充分问题,目的是更好满足人民日益增长的美好生活需要。因此,分析上海不平衡不充分问题,最根本的还是要调查市民的美好生活需要集中在哪些领域。为了解上海市居民美好生活需要情况,本研究于2018年7—8月进行了问卷调查,问卷内容从学前教育、中小学教育、就业与收入、养老保障、医疗服务、住房保障、环境保护、休闲娱乐、城市安全、交通出行等方面展开,涉及市民对各领域的主要关注内容及满意情况。发放调查问卷1 500份,回收1 426份,回收率95.1%,有效问卷1 304份,有效率91.4%。调查对象中,从性别结构来看,男性占40.64%,女性占59.36%。调查对象的年龄构成、收入构成、学历构成见图1—图3。

调查对象的区域分布见表1,调查对象在上海各个区的分布总

三、基于市民美好生活需要调查的不平衡不充分问题 | 153

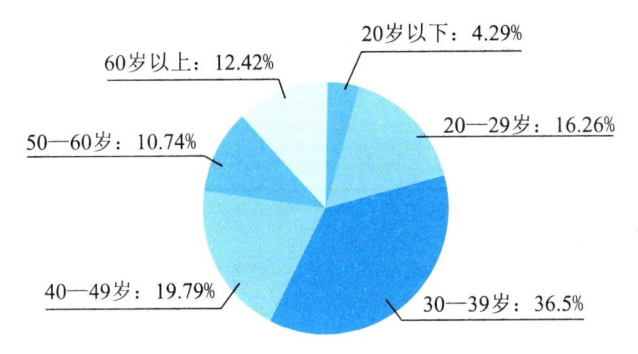

图1 调查对象年龄构成

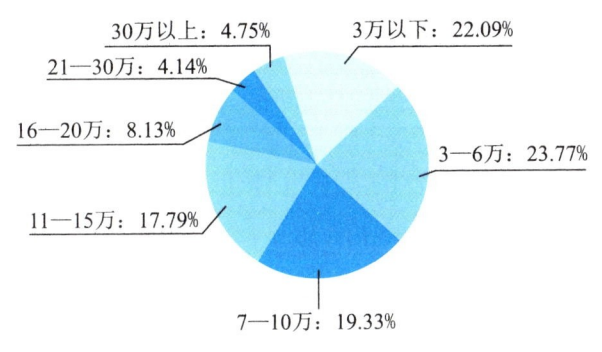

- 20岁以下：4.29%
- 20—29岁：16.26%
- 30—39岁：36.5%
- 40—49岁：19.79%
- 50—60岁：10.74%
- 60岁以上：12.42%

图2 调查对象的收入构成

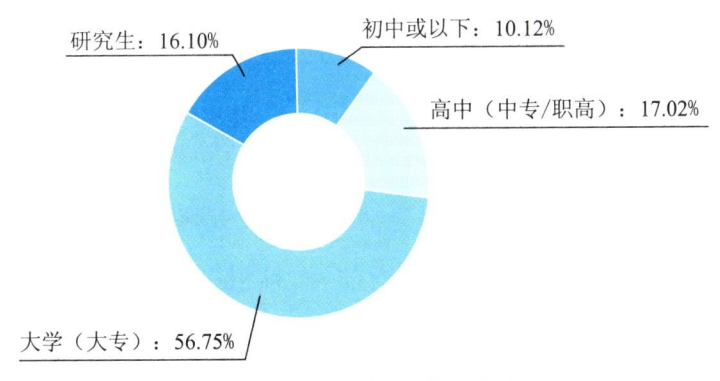

- 3万以下：22.09%
- 3—6万：23.77%
- 7—10万：19.33%
- 11—15万：17.79%
- 16—20万：8.13%
- 21—30万：4.14%
- 30万以上：4.75%

图3 调查对象的学历构成

- 初中或以下：10.12%
- 高中（中专/职高）：17.02%
- 大学（大专）：56.75%
- 研究生：16.10%

体上较为平均,确保调查结果能反映不同空间居民的生活需要和满意度感知。

表 1 调查对象的区域分布

区分布	比例(%)	区分布	比例(%)
浦东新区	12.27	虹口区	4.32
黄浦区	5.83	闵行区	9.20
静安区	4.60	宝山区	4.75
徐汇区	9.20	嘉定区	4.37
长宁区	3.53	青浦区	4.15
普陀区	6.29	松江区	5.83
杨浦区	7.52	金山区	9.56

受访对象对各项内容的满意度评价采取打分制,采用5级李克特量表调查居民对10项公共服务领域的满意度情况,1—5分代表"非常不满意、不满意、一般、满意、非常满意",得分越高,满意程度越高。每个子问题得分为X_i,$X_i = \sum a_i/n$,a_i为样本在第i个问题上的得分,n为样本数量,总体评价得分为$Y = \sum X_i/n$。

(一)调查结果总体情况分析

1. 居民总体满意度情况

对调查结果进行加总分析,10项内容的平均得分为3.25,介于一般和满意之间,居民对美好生活的需求总是随着经济的快速发展和生活水平的日益提高而逐渐增加,而且根据以往经验,调查对象的满意度打分结果一般低于实际感知。因此,根据问卷调查结果来看,居民对各项生活需要满意总体上处于中等偏上水平。

三、基于市民美好生活需要调查的不平衡不充分问题

从 10 项领域的居民满意度得分来看,共有 5 个领域得分超过平均得分,由高至低排序为:城市安全(3.51)、中小学教育(3.36)、交通出行(3.35)、学前教育(3.32)、环境保护(3.28)。反映了城市居民对该 5 个领域的满意度相对较高。住房保障(3.07)、养老保障(3.1)、就业收入(3.16)满意度相对较低,得分略高于"一般"水平。

表 2 居民各项生活需要满意度得分情况

调查项目	学前教育	中小学教育	就业收入	养老保障	医疗服务	住房保障	环境保护	休闲娱乐	城市安全	交通出行	平均得分
满意度得分	3.32	3.36	3.16	3.1	3.21	3.07	3.28	3.2	3.51	3.35	3.25

从 10 项领域的居民关注量占比情况来看(见图 4),医疗服务受到的关注度最高,72.55% 的调查对象表示了对医疗服务的高度关注,住房问题、养老保障、环境问题等同样受到超 50% 的调查对

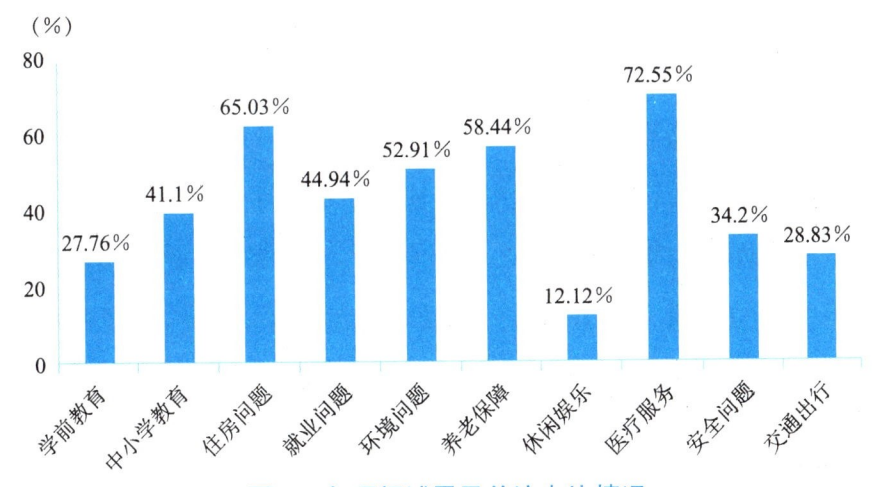

图 4 各项领域居民关注占比情况

象的关注,说明以上领域是当前上海居民对美好生活需要的重点关注领域。

2. 学前教育

在学前教育的各选项中,学前教育的师资水平(71.63%)、学前教育的教学模式和内容(59.82%)、学前教育的安全卫生状况(59.51%)是受到多数调查对象关注的问题。反映了居民更关注学前教育的质量和安全,对距离、费用等相对关注较少。

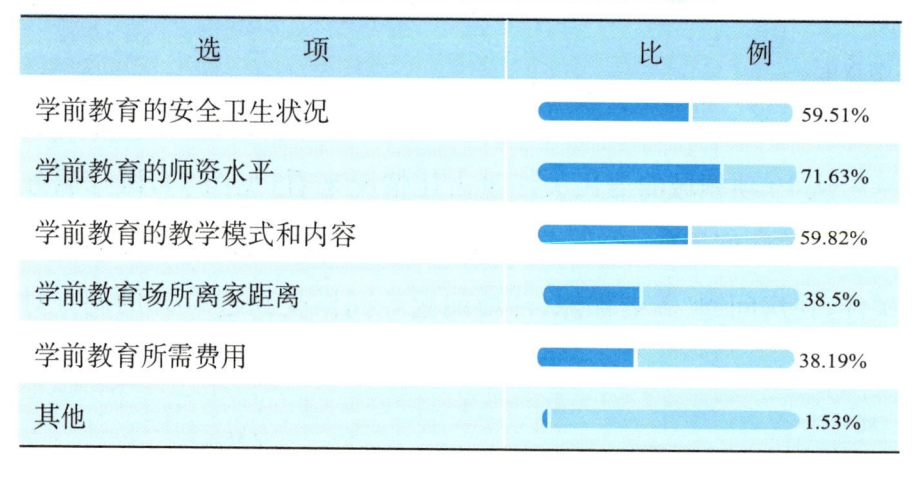

表3 学前教育各选项居民关注量占比情况

选项	比例
学前教育的安全卫生状况	59.51%
学前教育的师资水平	71.63%
学前教育的教学模式和内容	59.82%
学前教育场所离家距离	38.5%
学前教育所需费用	38.19%
其他	1.53%

3. 中小学教育

在中小学教育的各选项中,学校的师资水平(73.47%)、能否进入教学条件好的学校(71.17%)、就近上学(53.53)是受到多数调查对象关注的问题。中小学教育涉及学生的升学,因此,除了师资水平,居民同样关注学校的教学条件,这也是学区房价格居高不下的原因之一。

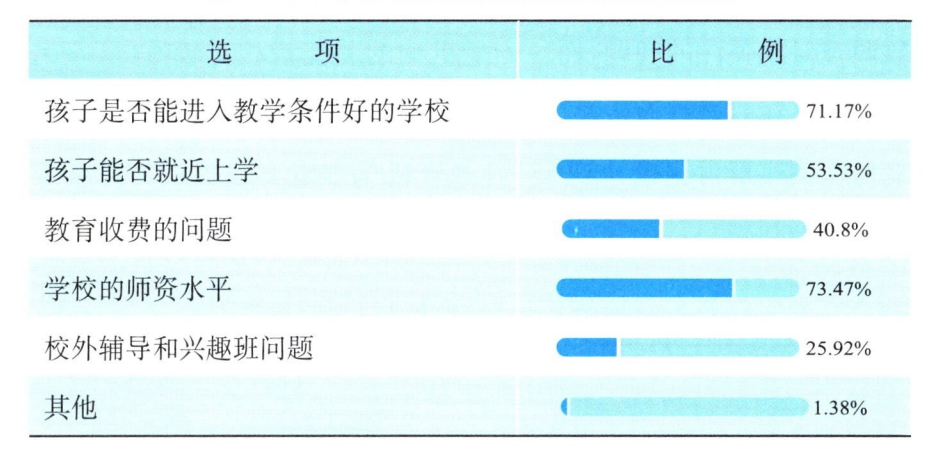

三、基于市民美好生活需要调查的不平衡不充分问题

表4　中小学教育各选项居民关注量占比情况

选项	比例
孩子是否能进入教学条件好的学校	71.17%
孩子能否就近上学	53.53%
教育收费的问题	40.8%
学校的师资水平	73.47%
校外辅导和兴趣班问题	25.92%
其他	1.38%

4. 就业与收入

在就业与收入的各选项中,薪酬待遇是否符合期待(81.9%)、是否容易找到或更换满意的工作(63.5%)是受到多数调查对象关注的问题,反映出居民对薪资待遇、收入增加有较高的需求。

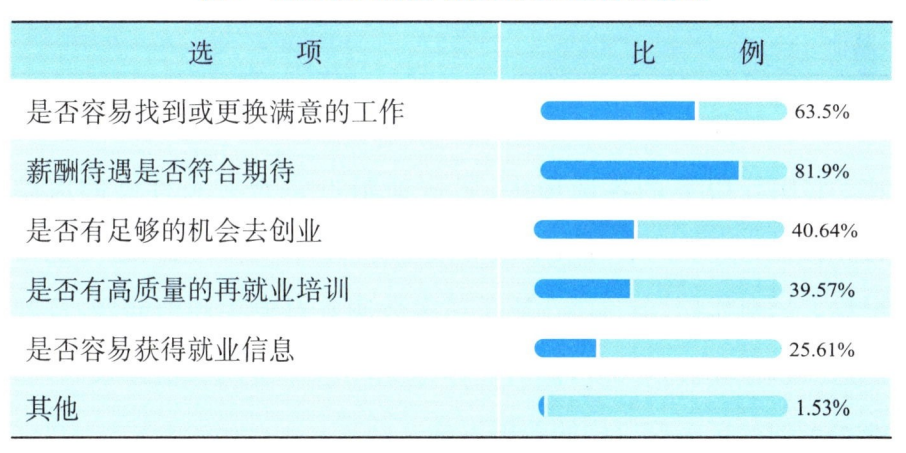

表5　就业收入各选项居民关注量占比情况

选项	比例
是否容易找到或更换满意的工作	63.5%
薪酬待遇是否符合期待	81.9%
是否有足够的机会去创业	40.64%
是否有高质量的再就业培训	39.57%
是否容易获得就业信息	25.61%
其他	1.53%

5. 养老保障

在养老保障的各选项中,社区能否提供完善的养老服务

(66.56%)、养老保险金能否支付日常生活需要(63.04%)是受到多数调查对象关注的问题,而对养老机构的关注量相对较低,反映出城市居民在养老方面主要关注养老金和家庭及社区养老,当然对养老机构关注量占比也达到48%,未来机构养老有发展成为社会养老趋势的基础。

表6 养老保障各选项居民关注量占比情况

选项	比例
养老保险金能否支付日常生活需要	63.04%
是否有足够的养老机构可供选择	48.01%
社区能否提供完善的养老服务	66.56%
养老机构的服务人员是否专业	36.04%
照护与康复水平是否满足需要	24.54%
老人能否享受丰富的精神娱乐生活	33.28%
其他	0.77%

6. 医疗服务

在医疗服务的各选项中,居住地附近是否有条件好的医院(74.08%)、医院的服务和收费是否合理(64.57%)、医生是否能帮助病人治愈疾病(61.04%)是受到多数调查对象关注的问题,反映出居民偏爱高级别医院,同时更多地关注医疗费用和治疗效果,分流患者到社区医疗机构的效果不佳。

7. 住房保障

在住房保障的各选项中,房价过高问题能否得到解决(79.75%)、

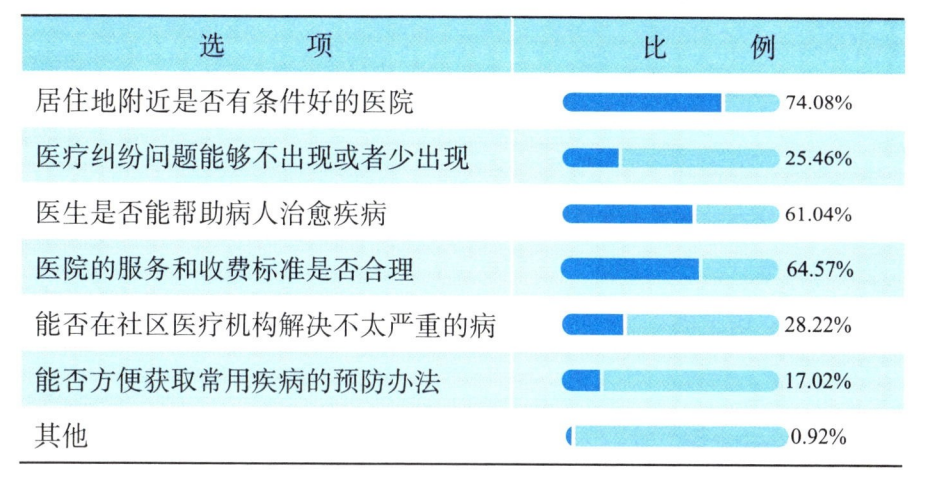

三、基于市民美好生活需要调查的不平衡不充分问题

表7 医疗服务各选项居民关注量占比情况

选项	比例
居住地附近是否有条件好的医院	74.08%
医疗纠纷问题能够不出现或者少出现	25.46%
医生是否能帮助病人治愈疾病	61.04%
医院的服务和收费标准是否合理	64.57%
能否在社区医疗机构解决不太严重的病	28.22%
能否方便获取常用疾病的预防办法	17.02%
其他	0.92%

房子周边的环境和配套设施(79.6%)是关注量最多的两个选项,与其他领域相比,住房保障的问题关注较为集中,是居民对住房问题诉求的集中体现。

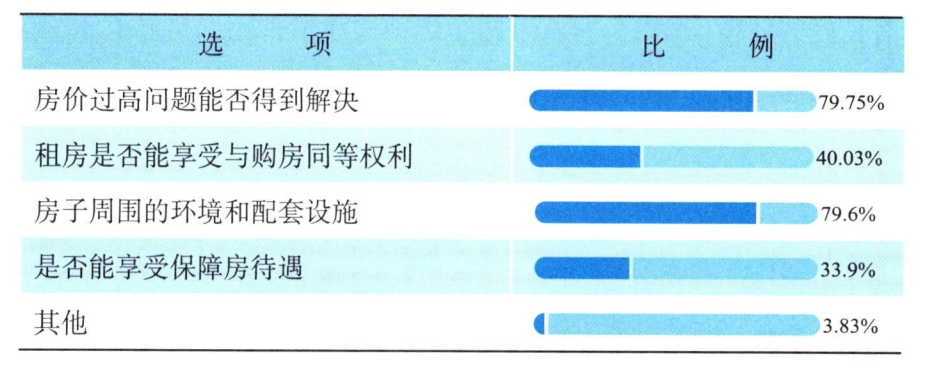

表8 住房保障各选项居民关注量占比情况

选项	比例
房价过高问题能否得到解决	79.75%
租房是否能享受与购房同等权利	40.03%
房子周围的环境和配套设施	79.6%
是否能享受保障房待遇	33.9%
其他	3.83%

8. 环境保护

在环境保护的各选项中,空气质量是否良好(82.52%)、垃圾处理是否得到有效处理(73.16%)、水环境污染是否进行整治(74.39%)是受到多数调查对象关注的问题,特别是受直观感受的

影响,空气质量问题得到82.52%的调查对象关注。

表9　环境保护各选项居民关注量占比情况

选项	比例
空气质量是否良好	82.52%
垃圾处理是否得到有效处理	73.16%
水环境污染是否进行整治	74.39%
城市绿化是否足够	41.56%
其他	1.07%

9. 休闲娱乐

在休闲娱乐的各选项中,因为调查对象总体上对休闲娱乐的诉求相对较小,使得各选项问题的关注量占比之间差别较小,排在前3位的占比分别为附近是否有丰富的文化休闲去处(65.34%)、居住区内或附近是否有运动健身场所(64.11%)、文体休闲场所是否有良好的环境(57.21%),其余两个选项关注量占比也超过了35%,反映出居民没有明确的休闲娱乐需求目标。

表10　休闲娱乐各选项居民关注量占比情况

选项	比例
文体休闲场所是否有良好的环境	57.21%
附近是否有丰富的文化休闲去处	65.34%
居住区内或附近是否有运动健身场所	64.11%
文化体育休闲场所是否满足需要	36.5%
文化体育场馆和活动是否经济实惠	37.12%
其他	1.07%

10. 城市安全

在城市安全的各选项中,食品药品安全(83.44%)、特殊群体的安全(69.48%)、治安突发事件(52.15%)是受到多数调查对象关注的问题,特别是食品药品安全关注量占比大幅超过其他选项,已经成为居民城市安全的主要诉求。

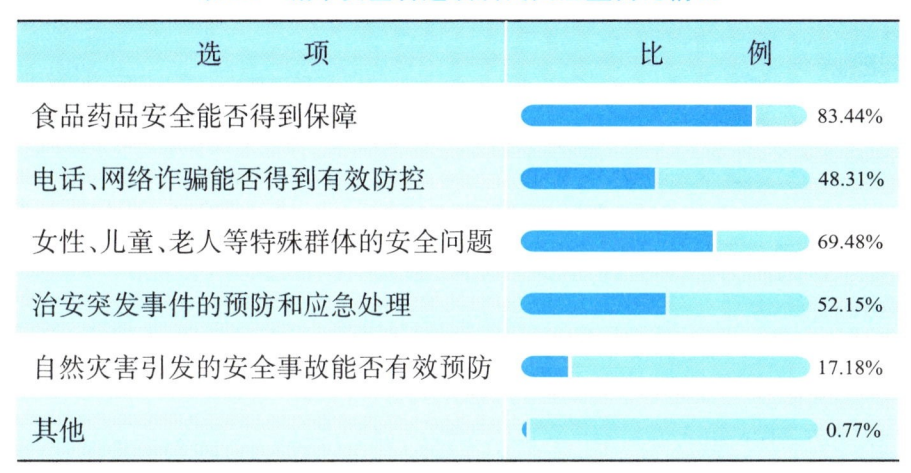

表 11 城市安全各选项居民关注量占比情况

选项	比例
食品药品安全能否得到保障	83.44%
电话、网络诈骗能否得到有效防控	48.31%
女性、儿童、老人等特殊群体的安全问题	69.48%
治安突发事件的预防和应急处理	52.15%
自然灾害引发的安全事故能否有效预防	17.18%
其他	0.77%

11. 交通出行

在交通出行的各选项中,道路拥堵(64.88%)、公共交通换乘(61.04%)、公共交通覆盖情况(60.12%)、停车问题(57.52%)等是受到多数调查对象关注的问题,交通问题是大都市共同面临的难题,从调查情况来看,居民反映较为强烈的是交通拥堵和公共交通换乘问题,说明对自驾出行的市民来说,拥堵是其感知中最大的交通问题,对交通出行的市民来说,公共交通换乘不便是其感知中最大的交通问题。

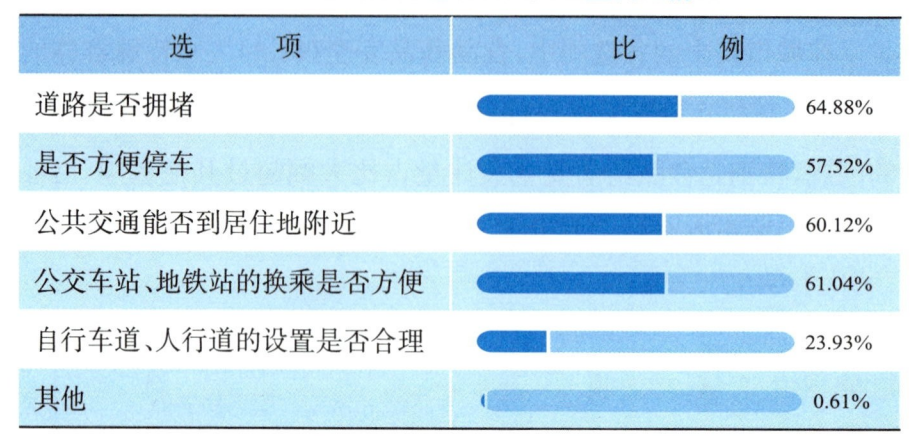

表 12　交通出行各选项居民关注量占比情况

选　　项	比　　例
道路是否拥堵	64.88%
是否方便停车	57.52%
公共交通能否到居住地附近	60.12%
公交车站、地铁站的换乘是否方便	61.04%
自行车道、人行道的设置是否合理	23.93%
其他	0.61%

（二）调查结果的分类分析

1. 不同城市空间的调查结果分析

目前，上海共有 16 个区，黄浦、静安、徐汇、长宁、普陀、杨浦、虹口是公认的中心城区；浦东、闵行、宝山虽然一些地区城市建设水平已和中心城区相近甚至超过中心城区水平，但从行政区整体范围上看，仍与中心城区有一定差距。因此，将包括浦东、闵行、宝山在内的其他区与中心城区分开分析。

对比分布在各区的调查对象对 10 项内容的得分情况可以看出，在就业收入、养老保障、住房保障三个领域，中心城区和其他城区的满意度差距较大，说明在该三个领域的发展不平衡问题相对较为明显。在就业收入领域，中心城区平均得分为 3.03，低于其他城区的 3.20；在养老保障方面，中心城区平均得分为 2.92，低于其他城区的 3.14；在住房保障方面，中心城区平均得分为 2.93，低于其他城区的 3.10。而且中心城区在养老保障和住房保障方面的平均满意度得分低于 3，总体上介于"一般"和"不满意"之间。中心城区除了

三、基于市民美好生活需要调查的不平衡不充分问题　163

交通出行和医疗服务得分高于其他城区外,在其他领域得分均略低于其他城区。

表 13　中心城区和其他城区各项满意度得分对比

		学前教育	中小学教育	就业与收入	养老保障	医疗服务	住房保障	环境问题	休闲娱乐	城市安全	交通出行
中心城区	黄浦	3.24	3.32	2.88	2.68	3.36	2.72	2.96	2.92	3.36	3.52
	静安	3.53	3.43	3.23	2.77	2.97	2.93	3.27	3.1	3.5	3.4
	徐汇	3.25	3.28	3.05	3.08	3.18	2.9	3.17	3.23	3.37	3.17
	长宁	3.13	3.09	2.87	2.96	3.09	2.91	3.13	3.13	3.43	3.48
	普陀	3.22	3.15	3.05	2.78	3.15	2.95	3.05	3.05	3.37	3.22
	杨浦	3.31	3.43	3.12	3.08	3.14	3.16	3.18	3.12	3.57	3.31
	虹口	3.2	3.13	3	3.07	3.47	2.93	3.47	3.33	3.73	3.47
	平均得分	3.27	3.26	3.03	2.92	3.19	2.93	3.18	3.13	3.48	3.37
其他城区	浦东	3.26	3.33	3.15	3.11	3.19	2.96	3.3	3.23	3.54	3.35
	闵行	3.22	3.23	3.08	3.03	3.12	2.85	3.3	3.15	3.48	3.32
	宝山	3.45	3.58	3.19	3.13	3.39	3.26	3.39	3.45	3.58	3.29
	嘉定	3.18	3.18	3.18	3	3.09	3.14	3.32	3.09	3.59	3.55
	青浦	3	3.25	3.06	2.81	3	2.81	2.81	2.75	3.38	2.88
	松江	2.89	3.08	2.97	2.97	3.08	2.95	3.16	2.92	3.53	3.29
	金山	3.6	3.6	3.38	3.4	3.34	3.4	3.44	3.36	3.58	3.5
	奉贤	3.71	3.68	3.54	3.5	3.54	3.57	3.64	3.61	3.57	3.57
	崇明	3.15	3.38	3.23	3.31	2.85	2.92	3.92	3.23	3.77	2.85
	平均得分	3.27	3.37	3.20	3.14	3.18	3.10	3.36	3.20	3.56	3.29

从中心城区和其他城区各项问题关注量占比情况来看(见表14),就业问题、环境问题、养老保障、医疗服务等是中心城区和其他城区差别较为明显的领域。在就业问题方面,中心城区调查对象的关注量占比平均值为30%,其他城区则为53.5%,一些远郊区该比重更高,反映了郊区居民相对更关注就业问题。在环境问题方

表14 中心城区和其他城区各项问题关注量占比情况(单位:%)

		学前教育	中小学教育	住房问题	就业问题	环境问题	养老保障	休闲娱乐	医疗服务	安全问题	交通出行
中心城区	黄浦	32.0	32.0	76.0	40.0	68.0	52.0	8.0	84.0	28.0	20.0
	静安	13.3	46.7	56.7	46.7	53.3	73.3	6.7	83.3	43.3	43.3
	徐汇	18.3	40.0	70.0	35.0	53.3	68.3	18.3	75.0	41.7	33.3
	长宁	39.1	47.8	56.5	34.8	60.9	56.5	8.7	78.3	21.7	21.7
	普陀	26.8	31.7	63.4	19.5	65.9	61.0	14.6	87.8	56.1	41.5
	杨浦	20.4	49.0	59.2	14.3	63.3	65.3	10.2	75.5	30.6	36.7
	虹口	20.0	46.7	73.3	20.0	53.3	66.7	13.3	80.0	26.7	13.3
	平均值	24.3	42.0	65.0	30.0	59.7	63.3	11.4	80.6	35.4	30.0
其他城区	浦东	32.5	40.0	70.0	53.8	36.3	46.3	12.5	62.5	28.8	21.3
	闵行	28.3	31.7	66.7	46.7	60.0	71.7	11.7	81.7	33.3	31.7
	宝山	22.6	51.6	51.6	54.8	67.7	64.5	9.7	83.9	45.2	35.5
	嘉定	27.3	45.5	40.9	50.0	54.6	63.6	9.1	81.8	31.8	40.9
	青浦	43.8	62.5	62.5	68.8	43.8	43.8	0	68.8	31.3	12.5
	松江	31.6	50.0	71.1	50.0	42.1	52.6	7.9	81.6	26.3	23.7
	金山	33.1	43.8	66.1	58.7	49.6	61.2	5.0	58.7	29.8	15.7
	奉贤	28.6	17.9	71.4	60.7	50.0	17.9	57.1	57.1	46.4	42.9
	崇明	15.4	23.1	69.2	38.5	38.5	38.5	15.4	53.9	23.1	76.9
	平均值	29.2	40.7	63.3	53.5	49.2	51.1	14.3	70.0	32.9	33.4

三、基于市民美好生活需要调查的不平衡不充分问题

面,中心城区调查对象的关注量占比平均值为59.7%,其他城区则为49.2%,中心城区居民更加关注环境问题,但由于人口密度大,生产生活强度高,中心城区居民环境满意度低于其他城区(见表14)。在养老保障方面,中心城区调查对象的关注量占比平均值为63.3%,其他城区则为51.1%,相对来说中心城区居民更加关注养老问题,这与中心城区老年人口数量和比重均较高有密切关系。在医疗服务方面,中心城区调查对象的关注量占比平均值为80.6%,其他城区则为70%,在所有城区中医疗服务都处在居民关注量的第一位,中心城区居民的对医疗服务的满意度和关注量占比都高于其他城区。

2. 不同年龄结构的调查结果分析

不同年龄结构的调查对象对各项问题的关注量占比情况具有明显差异(见表15),以20岁以下为代表的青年人口更加关注住房问题、就业问题、休闲娱乐问题以及安全问题;20—39岁间的人口

表15 不同年龄结构对各项问题关注量占比情况 (单位:%)

	学前教育	中小学教育	住房问题	就业问题	环境问题	养老保障	休闲娱乐	医疗服务	安全问题	交通出行
20岁以下	28.6	32.1	75.0	60.7	42.9	17.9	46.4	57.1	53.6	39.3
20—29岁	33.0	29.3	71.7	62.3	43.4	38.7	23.6	66.1	34.9	33.9
30—39岁	36.1	54.6	67.6	39.5	45.4	50.0	8.4	69.7	28.2	23.1
40—49岁	25.6	41.9	67.4	55.8	53.5	69.8	6.2	72.9	27.1	24.8
50—60岁	15.7	30.0	58.6	41.4	70.0	78.6	7.1	77.1	48.6	31.4
60岁以上	9.9	28.4	46.9	18.5	75.3	87.6	9.9	90.1	43.2	39.5

则相对更加关注学前教育及中小学教育问题;50岁以上的人口更加关注环境问题、养老问题、医疗服务问题。交通出行在不同年龄结构中虽然无明显差异,但20岁以下和60岁及以上两个年龄层次的关注量占比相对较高。

3. 不同学历结构的调查结果分析

从不同学历结构对各项问题关注量占比情况来看(见表16),学历越高,对中小学教育、住房问题、交通出行、医疗服务的关注度总体上相对越高,对就业问题、养老保障的关注度越低。高学历居民因自身知识水平较高,就业情况良好,根据自身求学经历,对子女的教育问题较为重视。同时其工作居住距离一般较远,具有固定的交通通勤需求,因而对交通出行的关注度相对较高。

表16　不同学历结构对各项问题关注量占比情况　(单位:%)

	学前教育	中小学教育	住房问题	就业问题	环境问题	养老保障	休闲娱乐	医疗服务	安全问题	交通出行
初中或以下	33.3	42.4	59.1	57.6	62.1	68.2	7.6	65.2	33.3	15.2
高中(中专/职高)	25.2	31.5	64.9	43.2	50.5	72.9	11.7	70.3	37.8	25.2
大学(大专)	25.9	40	64.9	45.4	52.7	55.9	14.1	74.6	33.8	29.7
研究生	33.3	54.3	69.5	37.1	50.5	45.7	8.6	72.4	32.4	38.1

4. 不同收入结构的调查结果分析

从不同收入结构对各项问题关注量占比情况来看(见表17),以年收入30万元以上为代表的高收入人群相对关注中小学教育、交通出行问题,以年收入11万—15万元为代表的中间收入人群相对关注住房问题、环境问题、养老保障、医疗服务，以年收入3万元以下为代表的低收入人群相对关注就业问题、休闲娱乐。

表17　不同收入结构对各项问题关注量占比情况　　（单位:%）

	学前教育	中小学教育	住房问题	就业问题	环境问题	养老保障	休闲娱乐	医疗服务	安全问题	交通出行
3万元以下	30.6	38.2	68.1	58.3	48.6	54.9	21.5	61.8	36.8	27.1
3万—6万元	27.1	38.1	56.8	43.9	56.1	70.3	7.7	80.6	37.4	27.7
7万—10万元	30.2	39.7	65.9	46.0	49.2	57.1	7.1	69.8	26.2	29.4
11万—15万元	25	43.1	71.5	37.1	60.3	61.2	11.2	79.3	31.0	23.3
16万—20万元	15.1	41.5	67.9	35.8	62.3	37.7	15.1	69.8	43.4	43.4
21万—30万元	48.2	62.9	59.3	44.4	48.2	48.2	14.8	66.7	25.9	33.3
30万元以上	22.6	48.4	64.5	29.0	32.3	54.8	6.5	77.4	41.9	32.3

四、基于不同领域比较的不平衡不充分问题

党的十九大报告指出:"中国特色社会主义进入新时代,我国社会主要矛盾已经转化为人民日益增长的美好生活需要和不平衡不充分的发展之间的矛盾。"新时代是人民美好生活需要日益广泛的时代,新时代美好生活,不仅体现在人民对物质文化生活的更高要求,还体现在人民对健康、安全、环境等方面的更美好向往。新时代美好生活,具有悠久的历史渊源、深厚的理论基础、丰富的现实意蕴和美好的未来图景。

(一)评价框架与评价方法

对于一个城市来说,影响满足人民对美好生活需要的因素有很多,但主要是发展不平衡不充分问题。现阶段发展不平衡不充分表现在很多方面,但从美好生活需要出发,人们最关心的就是教育、就业、收入、社保、医疗、养老、居住、环境等。

关于美好生活需要,《礼记·礼运》提出"四有":老有所终、壮有所用、幼有所长、鳏寡孤独废疾者皆有所养,反映的是一种美好的小康生活状态。党的十七大报告提出"五有":学有所教、劳有所得、病有所医、老有所养、住有所居,推动建设和谐社会。党的十九大报告进一步提出"七有":幼有所育、学有所教、劳有所得、住有所居、病有所医、老有所养、弱有所扶。党的十九大在"五有"的基础上,增加了"幼有所育""弱有所扶",并将"住有所居"的位序前移,以更好满足人民对美好生活的新期待。

美好生活的内涵不断丰富,反映了全社会对美好生活的无限向往和不懈追求。本书以党的十九大报告提出的"七有"为基础,借鉴OECD(经济合作组织)的 Better Life Index(美好生活指数,BLI)等国内外评估体系指标,结合上海作为特大型城市在交通和生态环境方面的压力,研判上海新时期"美好生活需要与不平衡不充分"之间的社会矛盾,探索研究符合上海发展实际的"美好生活新需要"指标体系,在遵循科学性、完整性、可操作性、指导性的原则基础上,从"幼有所育、学有所教、劳有所得、住有所居、病有所医、老有所养、弱有所扶、行有所乘、生态环境"等9个领域构建上海市美好生活需要评价指数,如表1所示,通过指数评估,以发现当前社会生活质量与美好生活理想标准的差距。

表1的评价体系中有正向指标和负向指标,首先采用离差标准化方法对所选指标进行标准化处理,将所有指标转化为正向指标。确定指标权重是美好生活需要评价中的一个重要环节,反映了各个

表1 上海市美好生活需要评价指数

指数	评价领域	具体指标	单位
美好生活需要指数	幼有所育	婴儿死亡率	‰
		平均每个教师负担幼儿数	人
	学有所教	教育支出占财政支出比重	%
		实验性示范性中学在校生比重	%
		平均每个教师负担小学生数	人
		平均每个教师负担中学生数	人
		普通高等学校录取率	%
	劳有所得	平均工资增速与人均GDP增速之比	—
		财产净收入占可支配收入比重	%
		人均个人存款余额	元
	住有所居	城镇居民人均住房建筑面积	平方米
		住宅占土地出让面积比重	%
		房价与人均月收入之比	—
	病有所医	每万人口医生数	人
		每万人口医院床位数	张
		基层医疗服务机构病床利用率	%
		个人卫生支出占比	%
	老有所养	养老床位占老年人口比例	%
		养老保险参保人数占全社会从业人员比重	%
		人口平均期望寿命	岁
	弱有所扶	城镇居民最低生活保障标准增速与人均GDP增速之比	—
		低收入户人均可支配收入占全市人均水平的比重	%
		社会保障和就业支出占财政支出比重	%
	行有所乘	人均拥有道路面积	平方米
		每万人拥有的轨交车辆	节
		每万人拥有的公交车辆	辆
	生态环境	可吸入颗粒物浓度	微克/立方米
		主干河道劣V类水比例	%
		人均公园绿地面积	平方米
		自然保护区覆盖率	%

指标在评价体系中的不同重要程度,指标权重赋值是否合理将直接影响到评价结果。本报告采用熵值法,根据指标值的离散程度关系来确定指标权重,该方法确定的指标权重系数具有较强的客观性,能够避免评价过程的主观意向。

美好生活需要评价体系综合测量了不同民生领域的发展状况,美好生活需要指数得分大,说明美好生活水平提升程度高,反之则生活水平提升程度低。某个评价领域得分越高,则反映了与该领域相关的美好生活发展领域发展情况越好。根据不同年份幼有所育、学有所教、劳有所得、住有所居、病有所医、老有所养、弱有所扶、行有所乘、生态环境等评价的得分变化,可以反映城市在不同美好生活领域发展的演化趋势,能够为制定满足美好生活需要决策提供有针对性的信息支持。

考虑到美好生活需要的动态发展特征、数据可获得性,以及上海城市经济、社会、环境等领域发展的实际情况,本研究主要分析2007—2016年的上海美好生活需要发展变化情况,相关数据通过2008—2017年《上海统计年鉴》《上海市国民经济和社会发展统计公报》获取或间接计算。

(二)基于美好生活需要评价的发展问题分析

随着全面深化改革的深入推进,上海市经济社会各项领域均取得丰硕的成果,市民美好生活需要的总体满足水平不断提升,美好生活需要指数由2007年的0.345上升到2016年的0.605。受国际金融危机影响,2009—2013年美好生活需要指数有所波动,但近3年来美好生活需要指数快速增加,反映了市民美好生活需要的总体满足水平、总体发展趋势良好。

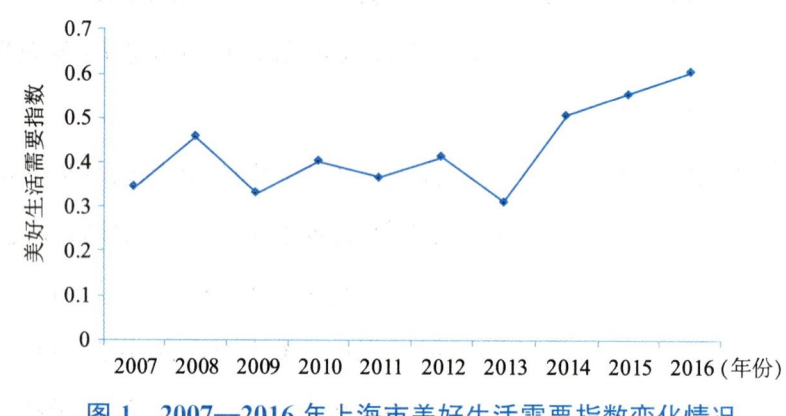

图1　2007—2016年上海市美好生活需要指数变化情况

从9个分领域的发展情况来看,生态环境、住有所居、行有所乘、劳有所得在所有的美好生活需要中发展水平相对较低,2016年的美好生活需要指数的9个领域平均得分是0.631,生态环境、住有所居、行有所乘、劳有所得四项得分分别为0.492、0.480、0.555、0.500,低于各民生领域的平均水平。从上海市美好生活需要各领域的发展比较来看,生态环境、住有所居、行有所乘、劳有所得存在发展不平衡问题(见图2)。

对比2007—2016年上海市美好生活需要各个领域发展水平的变化,可以将9个领域分为两类(见图3):

第一类是提升发展型,包括幼有所育、学有所教、病有所医、行有所乘,该四项民生领域虽然若干年份呈波动发展,但2016年的发展水平在历年中最高,说明该四项民生领域一直处于改善提升过程,以满足市民相应的生活需要。

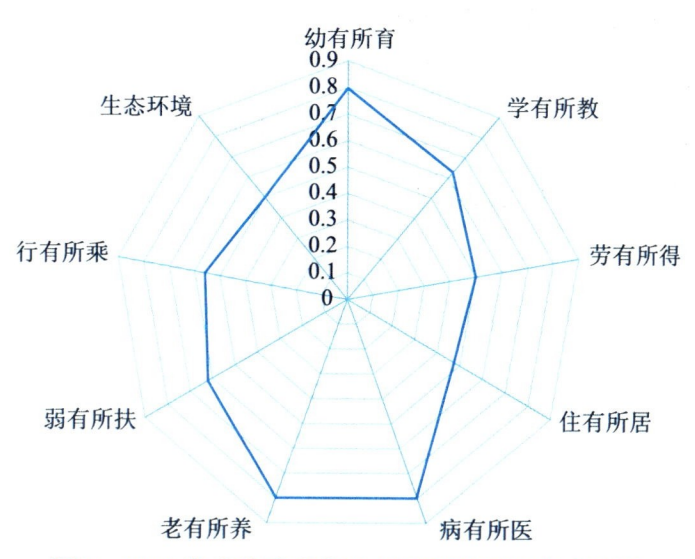

四、基于不同领域比较的不平衡不充分问题 | 173

图 2　2016 年上海市美好生活需要分领域得分情况

---2007　——2010　——2012　----2016

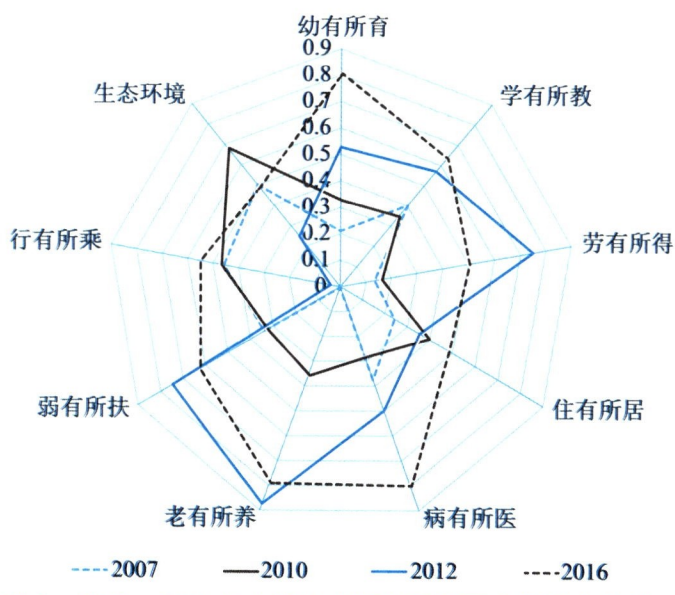

图 3　2007—2016 年上海市美好生活需要分领域变化情况

第二类是波动发展型,包括住有所居、老有所养、劳有所得、弱有所扶、生态环境。该五项民生领域在 2016 年的发展水平不是其历史最好水平,其中,老有所养、弱有所扶虽然相对其他领域发展水平较好,但与自身历史最好水平相比还有一定差距。

五、上海市居民美好生活需要调查问卷

党的十九大报告提出，我国社会主要矛盾已经转化为"人民日益增长的美好生活需要和不平衡不充分的发展之间的矛盾"，为研究上海市居民的美好生活需求，特进行本项调查。请勾选符合您需求的序号。答案没有对错之分，且不记名处理，仅作研究使用，请您放心作答。希望能得到您的支持和配合，非常感谢！

1. 对于以下居民生活事项，您最关注哪几项？（限选五项）
○学前教育　○中小学教育　○住房问题　○就业问题
○环境问题　○养老保障　　○休闲娱乐　○医疗服务
○安全问题　○交通出行

2. 对于学前教育，请问您具体关注哪些内容？（限选三项）
○学前教育的安全卫生状况　　○学前教育的师资水平
○学前教育的教学模式和内容　○学前教育场所离家距离

○学前教育所需费用　　　　○其他_____

3. 您对居住地学前教育的总体满意度是：

○很满意　○满意　○一般　○不太满意　○不满意

4. 对于学前教育，您认为还需要做哪些努力？（限选三项）

○增加普惠性幼儿园供给　○推进学前教育优质均衡发展

○提升幼儿园保教质量　　○加大幼师的师德教育和专业培训

○加强幼儿园/托儿所的监管指导　○其他_____

5. 对于中小学教育，请问您具体关注哪些内容？（限选三项）

○孩子是否能进入教学条件好的学校　○孩子能否就近上学

○教育收费的问题　　　　　　　　　○学校的师资水平

○校外辅导和兴趣班问题

6. 您对居住地中小学教育的总体满意度是：

○很满意　○满意　○一般　○不太满意　○不满意

7. 对于中小学教育，您认为还需要做哪些努力？（限选五项）

○提高学校的师资水平

○让中小学校的位置分布更加合理均衡

○完善校园硬件设施，满足教学要求

○加强课外辅导机构管理

○改善学生的食宿条件

○学生有更多参与国际交流与学习的机会

○让外来人口在教育方面享有同等的权利

○解决学区房价格过高问题

○其他_____

8. 关于就业，请问您具体关注哪些内容？（限选三项）

○是否容易找到或更换满意的工作

○薪酬待遇是否符合期待

○是否有足够的机会去创业

○是否有高质量的再就业培训

○是否容易获得就业信息

○其他_____

9. 您对居住地就业与收入的总体满意度是：

○很满意　○满意　○一般　○不太满意　○不满意

10. 对于就业保障，您认为还需要做哪些努力？（限选三项）

○提供高质量的再就业培训

○推动公共就业服务网点向基层延伸

○加大对失业或就业困难人员的援助力度

○提供更多的创业政策机会和空间

○适时提高最低工资标准

○其他_____

11. 对于养老保障，请问您具体关注哪些内容？（限选三项）

○养老保险金能否支付日常生活需要

○是否有足够的养老机构可供选择

○社区能否提供完善的养老服务

○养老机构的服务人员是否专业

○照护与康复水平是否满足需要

○老人能否享受丰富的精神娱乐生活

○其他_____

12. 您对居住地养老保障的总体满意度是：

○很满意　　○满意　　○一般　　○不太满意　　○不满意

13. 对于养老保障，您认为还需要做哪些努力？（限选三项）

○建立养老机构的服务标准

○多培育社会养老机构

○严格监管养老服务市场

○完善农村和社区养老服务网络

○建立全市统一的养老服务信息平台

○为弱势群体老人提供更多的养老服务

○其他_____

14. 对于医疗服务，请问您具体关注哪些内容？（限选三项）

○居住地附近是否有条件好的医院

○医疗纠纷问题能够不出现或者少出现

○医生是否能帮助病人治愈疾病

○医院的服务和收费标准是否合理

○能否在社区医疗机构解决不太严重的病

○能否方便获取常用疾病的预防办法

○其他_____

15. 您对居住地医疗服务的总体满意度是：

○很满意　　○满意　　○一般　　○不太满意　　○不满意

16. 对于医疗服务，您认为还需要做哪些努力？（限选三项）

○完善社区医疗结构的硬件配置和医疗水平

○促进优质医疗资源的均衡分布

○提高医生的医疗水平

○进一步降低医药费用

○鼓励家庭医生的发展

○提升妇幼、儿科医院和科室的建设力度

○其他_____

17. 对于住房问题,您具体关注哪些内容?(限选三项)

○房价过高问题能否得到解决

○租房是否能享受与购房同等权利

○房子周围的环境和配套设施

○是否能享受保障房待遇

○其他_____

18. 您对居住地住房保障的总体满意度是:
○很满意　○满意　○一般　○不太满意　○不满意

19. 对于住房问题,您认为还需要做哪些努力?(限选三项)

○采取措施应对房价过高的问题

○加大保障房建设力度

○保证租房和购房享有同等权利

○推进老城区和城中村的改造

○规范房屋中介机构的行为

○其他_____

20. 对于环境保护,您具体关注哪些内容?(限选三项)

○空气质量是否良好　　　○垃圾处理是否得到有效处理

○水环境污染是否进行整治　○城市绿化是否足够

○其他_____

21. 您对居住地环境保护的总体满意度是：

○很满意　○满意　○一般　○不太满意　○不满意

22. 对于环境保护，您认为还需要做哪些努力？（限选三项）

○严格惩处环境污染行为　○促进使用新技术处理环保问题

○加大空气的保护力度　○加大地表水环境的保护力度

○解决垃圾分类处理问题

○鼓励社会组织和个人参与环保行动

○其他_____

23. 对于文化体育休闲，您具体关注哪些内容？（限选三项）

○文化体育休闲场所是否有良好的环境

○附近是否有丰富的文化体育休闲去处

○居住区内或附近是否有运动健身场所

○文化体育休闲场所是否满足需要

○文化体育场馆和活动是否经济实惠

○其他_____

24. 您对居住地文化体育休闲的满意度是：

○很满意　○满意　○一般　○不太满意　○不满意

25. 关于文化体育休闲服务，您认为还需做哪些努力？（限选三项）

○多建设一些文化体育场馆设施

○文化体育场馆的位置布局更加合理

○在小区增加建设文化体育设施服务

○推动文化体育服务优惠或免费开放

○多举办一些国际化的文化体育活动

○多向老百姓传播文化体育信息

○其他＿＿＿＿＿＿＿

26. 对于公共安全情况，您具体关注哪些内容？（限选三项）

○食品药品安全能否得到保障

○电话、网络诈骗能否得到有效防控

○女性、儿童、老人等特殊群体的安全问题

○治安突发事件的预防和应急处理

○自然灾害引发的安全事故能否有效预防

○其他＿＿＿＿＿＿＿

27. 您对居住地安全情况的总体满意度是：

○很满意　○满意　○一般　○不太满意　○不满意

28. 对于公共安全问题，您认为还需做哪些努力？（限选三项）

○提升相关部门突发事件处理能力

○重点解决网络、电信诈骗

○加大对公共场所的秩序维护

○加大妨碍公共安全的处罚力度

○加强对食品药品质量的监管

○加强预防自然灾害的措施

○其他＿＿＿＿＿＿＿

29. 对于交通出行，您具体关注哪些内容？（限选三项）

○道路是否拥堵

○是否方便停车

○公共交通能否到居住地附近

○公交车站、地铁站的换乘是否方便

○自行车道、人行道的设置是否合理

○其他：_____

30. 您对居住地交通出行的总体满意度是：

○很满意　○满意　○一般　○不太满意　○不满意

31. 对于交通出行，您认为还需做哪些努力？（限选三项）

○加快公交或地铁网络建设

○加强早晚高峰的交通疏导力度

○缩短公共交通乘车等候时间

○加大停车场的建设

○完善自行车道、人行道的设置

○其他：_____

个人信息

1. 您的性别：

○男　○女

2. 您的年龄：

○20岁以下　○20—29岁　○30—39岁

○40—49岁　○50—60岁　○60岁以上

3. 您的年收入（含工资、奖金、红利、股票收入或兼职收入）大约为：

○3万元以下　　○3万—6万元　　○7万—10万元

○11万—15万元　○16万—20万元　○21万—30万元

○30万元以上

4. 您的学历：

○初中或以下　○高中(中专/职高)　○大学(大专)

○研究生

5. 您目前的职业是：

○私企人员　○外企人员　○国企人员　○科教文卫工作者

○公务员　　○自由职业者　○私营/个体业主

○退休　　　○学生　　　　○农民　　　　○其他

6. 您居住在哪个区？

○浦东新区　○黄浦区　○静安区　○徐汇区　○长宁区

○普陀区　　○杨浦区　○虹口区　○闵行区　○宝山区

○嘉定区　　○青浦区　○松江区　○金山区　○奉贤区

○崇明区

参考文献

[1] Amos Jr O M. "Unbalanced regional growth and regional income inequality in the latter stages of development". *Regional Science and Urban Economics*, 1988, 18(4).

[2] Cao S X, Lv Y, Zheng H. "Challenges facing China's unbalanced urbanization strategy". *Land Use Policy*, 2014, 39.

[3] Friedmann J. "The world city hypothesis". *Development and Change*, 1986, 17.

[4] Li J M, Xu C D, Chen M X. "Balanced development: Nature environment and economic and social power in China". *Journal of Cleaner Production*, 2019, 210.

[5] PWC. *Cities of Opportunity 7: The living city*. 2016.

[6] Schwab K. *The Global Competitiveness Report 2017—2018*. World Economic Forum, 2018.

［7］Sun C W, Chen L T, Tian Y. "Study on the urban state carrying capacity for unbalanced sustainable development regions: Evidence from the Yangtze River Economic Belt". *Ecological Indicators*, 2018, 89.

［8］Yi X. "A Quality-Oriented Urban Development Pattern? Two Case Studies in Shanghai". *Journal of Urban Management*, 2014, 3(1—2).

［9］陈宁、周冯琦:《纽约市环境治理精准化对我国的启示》,《毛泽东邓小平理论研究》2017年第2期。

［10］陈其林:《空中花园:国外的立体绿化》,《宁波经济:财经视点》2015年第4期。

［11］城市数据团:《上海的"中心",容不下科技创新》,https://wapbaike.baidu.com/tashuo/browse/content?id＝703153e25182aec87b05f7d9&fromModule＝articleMoreRecommend。

［12］邓纯东:《我国发展不平衡不充分体现在哪些方面》,《人民论坛》2019年第20期。

［13］邓智团:《完善体制机制,加快上海新城建设》,https://www.163.com/money/article/9P9UGDEQ00253B0H.html。

［14］东方头条:《见缝插针的景观设计美国口袋公园》,http://mini.eastday.com/a/180814072229300.html。

［15］段德忠:《上海和北京城市创新空间结构的时空演化模式》,《地理学报》2015年第12期。

［16］郭斌亮、汤舸、高路拓:《人口疏解,让城市变得更拥堵》,

https://www.sohu.com/a/136309527_572440。

[17] 郭巍、许伟:《世界三大城市产业转型路径带来哪些启示》,《求知》2017年第4期。

[18] 何广锋:《沿着人均GDP与消费支出变迁轨迹寻找财富投资机会》,https://www.sohu.com/a/119304468_371463。

[19] 洪文迁:《纽约大都市规划百年:新城市化时期的探索与创新》,厦门大学出版社2010年版。

[20] 胡鞍钢、鄢一龙:《我国发展的不平衡不充分体现在何处》,《人民论坛》2017年第S2期。

[21] 黄苏萍、朱咏:《全球城市2030 产业规划导向、发展举措及对上海的战略启示》,《城市规划学刊》2011年第5期。

[22] 江文君:《东京都市空间发展对上海的启示》,《都市文化研究》2007年第2期。

[23] 蒋永穆、周宇晗:《着力破解经济发展不平衡不充分的问题》,《四川大学学报(哲学社会科学版)》2018年第1期。

[24] 李超、朱洵、宫飞等:《发力不平衡和不充分的领域——十九大报告带给我们的投资方向》,《华泰证券》2017年。

[25] 刘江会、董雯:《国内主要城市"竞合关系"对上海建设全球城市的影响——基于城市战略定位的比较分析》,《城市发展研究》2016年第6期。

[26] 刘召峰、周冯琦:《全球城市之东京的环境战略转型的经验与借鉴》,《中国环境管理》2017年第6期。

[27] 齐岳、秦阳:《城市群公共服务均等化与经济发展不平衡关系

研究》,《统计与决策》2020年第21期。

[28] 上海发布:《粉墙黛瓦、小桥流水……上海的乡村振兴路线图来啦!》,http://baijiahao.baidu.com/s?id=15968273673179 23623&wfr=spider&for=pc。

[29] 上海市人民政府发展研究中心:《建设卓越的全球城市 2017/2018年上海发展报告》,格致出版社/上海人民出版社2017年版。

[30] 盛垒、洪娜、黄亮等:《从资本驱动到创新驱动——纽约全球科创中心的崛起及对上海的启示》,《城市发展研究》2015年第10期。

[31] 石崧:《从国际大都市到全球城市:上海2040的目标解析》,《上海城市规划》2017年第4期。

[32] 孙祥:《新时代着力解决发展中不平衡不充分的问题》,《知与行》2017年第12期。

[33] 谈燕:《注重高质量发展 打造高品质生活》,《解放日报》2018年1月16日。

[34] 唐子来、李粲:《全球视野下上海城市发展战略思考》,《上海城市规划》2017年第4期。

[35] 陶希东:《增强城市精细化管理水平 让人民群众生活更美好》,https://www.yicai.com/news/5389746.html。

[36] 王如君、冯雪珺、吴刚等:《美国、德国、新加坡、比利时四国垃圾分类成功案例详解》,https://www.sohu.com/a/136054070_736883。

［37］王振红、李伟：《不平衡不充分的发展主要表现在六个方面》，http：//cn.chinagate.cn/news/2018-01/13/content_50223130.htm。

［38］文军：《上海要实现李强书记提出的"绣"出城市管理精细化品牌，还要在哪几个方面精准发力》，https：//www.jfdaily.com/news/detail?id=78768。

［39］吴秋余：《新时代呼唤更平衡更充分的发展》，《人民日报》2017年10月30日。

［40］杨嘉懿：《以新发展理念破解经济发展的不平衡不充分》，《理论月刊》2019年第2期。

［41］袁志刚：《上海开放与高质量发展新机遇》，《上海交通大学学报（哲学社会科学版）》2020年第3期。

［42］赵娇：《世界城市空间演进规律及其启示》，《开放导报》2010年第5期。

［43］周冯琦、程进、嵇欣：《全球城市环境战略转型比较研究》，上海社会科学院出版社2016年版。

［44］周凌：《特大城市边缘区空间演化机制与对策的实例剖析——以上海为例》，《城市规划学刊》2017年第3期。

［45］朱建江：《"上海2035"透露出怎样的乡村振兴布局》，https：//web.shobserver.com/news/detail?id=78833。

图书在版编目(CIP)数据

新时代上海发展不平衡不充分问题研究 / 程进著
.— 上海 ：上海社会科学院出版社，2021
（上海社会科学院决策咨询研究报告）
ISBN 978-7-5520-3602-2

Ⅰ.①新… Ⅱ.①程… Ⅲ.①城市—发展—研究—上海—现代 Ⅳ.①F299.275.1

中国版本图书馆 CIP 数据核字(2021)第 121520 号

新时代上海发展不平衡不充分问题研究

著　　者：程　进
出 品 人：佘　凌
责任编辑：董汉玲
封面设计：周清华
出版发行：上海社会科学院出版社
　　　　　　上海顺昌路 622 号　邮编 200025
　　　　　　电话总机 021-63315947　销售热线 021-53063735
　　　　　　http://www.sassp.cn　E-mail:sassp@sassp.cn
照　　排：南京理工出版信息技术有限公司
印　　刷：常熟市大宏印刷有限公司
开　　本：710 毫米×1010 毫米　1/16
印　　张：12.75
插　　页：2
字　　数：130 千字
版　　次：2021 年 7 月第 1 版　2021 年 7 月第 1 次印刷

ISBN 978-7-5520-3602-2/F・665　　　　　　定价:75.00 元

版权所有　　翻印必究